PONS

FRANZÖSISCH VON 0 AUF 500

Spielend leicht Französisch lernen mit nur 5 Wörtern am Tag

Deine Themen – Woche für Woche

JOUR 1

1 Lies das französische Wort laut vor und schreibe es auf.

les **cheveux**
[schəwö]
das Haar

---

l'**oreille**
[oräj]
das Ohr

---

l'**œil**
[əj]
das Auge

---

la **dent**
[daN]
der Zahn

---

la **bouche**
[busch]
der Mund

2 Präge dir die 5 Wörter kurz ein.

3 Verdecke die linke Seite, schreibe die Wörter auf und sprich sie laut aus.

das **Haar** ....

das **Ohr** ....

das **Auge** ....

der **Mund** ....

der **Zahn** ....

4 Geschafft? Abgehakt!

JOUR **2**

1 Lies das französische Wort laut vor und schreibe es auf.

la **bibliothèque**
[biblijotäk]
die Bibliothek

le **théâtre**
[teatr]
das Theater

le **musée**
[müze]
das Museum

le **cinéma**
[sinema]
das Kino

le **café**
[kafe]
das Café

2 Präge dir die 5 Wörter kurz ein.

3 Verdecke die linke Seite, schreibe die Wörter auf und sprich sie laut aus.

die **Bibliothek** ....

das **Theater** ....

das **Kino** ....

das **Museum** ....

das **Café** ....

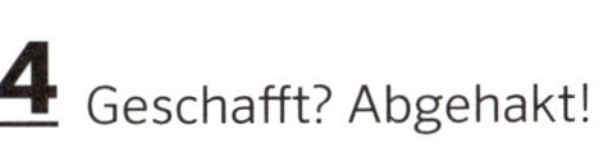

JOUR 3

1 Lies das französische Wort laut vor und schreibe es auf.

le **brocoli**
[brokoli]
der Brokkoli

---

les **pâtes**
[pat]
die Nudeln

le **couteau**
[kuto]
das Messer

---

le **poisson**
[puasoN]
der Fisch

---

la **fourchette**
[furschät]
die Gabel

2 Präge dir die 5 Wörter kurz ein.

3 Verdecke die linke Seite, schreibe die Wörter auf und sprich sie laut aus.

der **Fisch** ....

der **Brokkoli** ....

die **Nudeln** ....

die **Gabel** ....

das **Messer** ....

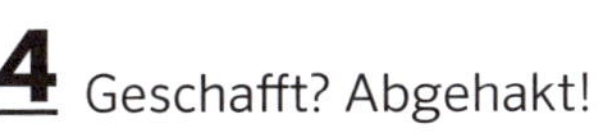

4 Geschafft? Abgehakt!

JOUR 4

1 Lies das französische Wort laut vor und schreibe es auf.

bien
[bjäN]
gut

l'erreur
[ärər]
der Fehler

mauvais
[mowä]
schlecht

correct
[koräkt]
richtig

faux
[fo]
falsch

2 Präge dir die 5 Wörter kurz ein.

3 Verdecke die linke Seite, schreibe die Wörter auf und sprich sie laut aus.

gut ....

der **Fehler** ....

schlecht ....

richtig ....

falsch ....

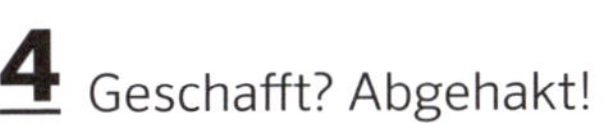

4 Geschafft? Abgehakt!

JOUR 5

1 Lies das französische Wort laut vor und schreibe es auf.

la **chaise**
[schäz]
der Stuhl

---

l'**étagère**
[etaJär]
das Regal

la **cuisinière**
[küizinjär]
der Herd

---

la **table**
[tabl]
der Tisch

---

le **four**
[fur]
der Backofen

2 Präge dir die 5 Wörter kurz ein.

3 Verdecke die linke Seite, schreibe die Wörter auf und sprich sie laut aus.

das **Regal** ....

der **Tisch** ....

der **Stuhl** ....

der **Herd** ....

der **Backofen** ....

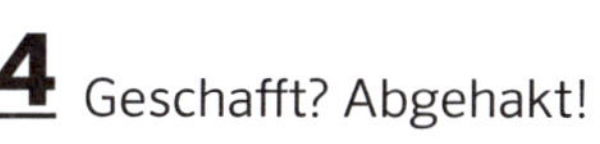

4 Geschafft? Abgehakt!

TESTE DICH ! Wie viele Wörter der letzten 5 Tage kannst du noch?

1 Verbinde jedes Bild mit dem richtigen Wort.

l'œil **la cuisinière** **le brocoli** **l'erreur** **faux** **le musée** **le cinéma** **la chaise**

correct **mauvais** **les cheveux** **le théâtre** **bien** **la bibliothèque** **le café**

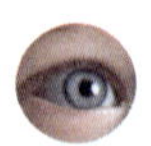  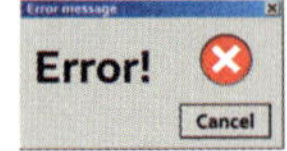

2 Suche im Wortgitter die französischen Wörter.

der **Backofen**
der **Fisch**
die **Gabel**
das **Messer**
der **Mund**
die **Nudeln**
das **Ohr**
das **Regal**
der **Tisch**
der **Zahn**

I	B	C	P	O	I	S	S	O	N
F	O	U	R	C	H	E	T	T	E
O	U	R	C	O	U	T	E	A	U
U	C	Q	E	H	P	J	P	I	E
R	H	E	O	I	F	Â	O	L	A
D	E	N	T	R	L	M	T	S	D
U	N	B	T	A	B	L	E	E	K
G	É	T	A	G	È	R	E	U	S

3 Verdecke die linke Seite und vervollständige dein Glossar.

das **Kino** ________________	das **Café** ________________
________________ **mauvais**	der **Fehler** ________________
________________ le **four**	der **Tisch** ________________
der **Brokkoli** ________________	________________ l'**oreille**
das **Haar** ________________	der **Stuhl** ________________
________________ la **bouche**	**gut** ________________
________________ le **couteau**	das **Museum** ________________
das **Regal** ________________	________________ la **fourchette**
________________ l'**œil**	**richtig** ________________
der **Fisch** ________________	________________ **faux**
der **Herd** ________________	________________ la **dent**
________________ les **pâtes**	das **Theater** ________________
die **Bibliothek** ________________	

Geschafft? Abgehakt!

JOUR **1**

1 Lies das französische Wort laut vor und schreibe es auf.

rire
[rir]
lachen

pleurer
[plәre]
weinen

triste
[trist]
traurig

en colère
[aN kolär]
wütend

fatigué
[fatige]
müde

2 Präge dir die 5 Wörter kurz ein.

3 Verdecke die linke Seite, schreibe die Wörter auf und sprich sie laut aus.

lachen ....

weinen ....

traurig ....

wütend ....

müde ....

4 Geschafft? Abgehakt!

JOUR 2

1 Lies das französische Wort laut vor und schreibe es auf.

la **fleur**
[flər]
die Blume

---

la **plante**
[plaNt]
die Pflanze

l'**insecte**
[äNsäkt]
das Insekt

---

le **poisson**
[puasoN]
der Fisch

---

la **grenouille**
[grənuj]
der Frosch

2 Präge dir die 5 Wörter kurz ein.

3 Verdecke die linke Seite, schreibe die Wörter auf und sprich sie laut aus.

die **Pflanze** ....

die **Blume** ....

der **Frosch** ....

der **Fisch** ....

das **Insekt** ....

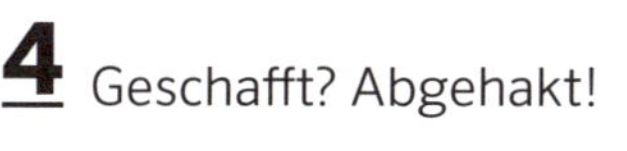

4 Geschafft? Abgehakt!

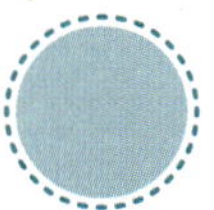

JOUR **3**

1 Lies das französische Wort laut vor und schreibe es auf.

taper
[tape]
tippen

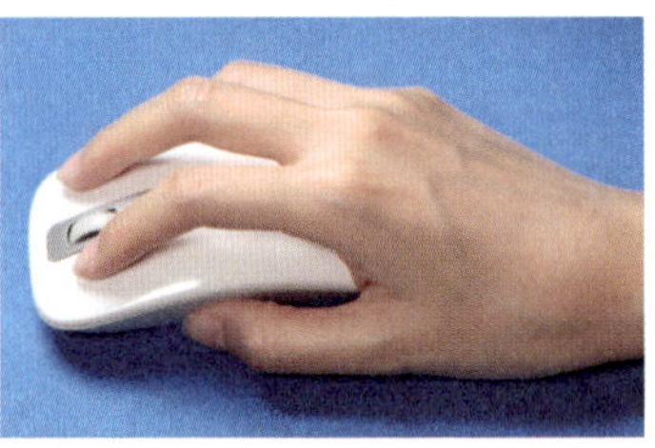

cliquer
[klike]
klicken

le **Wi-Fi**®
[oui fi]
das WLAN

le **message**
[mäsaJ]
die Nachricht

les **réseaux sociaux**
[rezo sosjo]
die sozialen Medien

2 Präge dir die 5 Wörter kurz ein.

3 Verdecke die linke Seite, schreibe die Wörter auf und sprich sie laut aus.

tippen ....

klicken ....

das **WLAN** ....

die **Nachricht** ....

die **sozialen Medien** ....

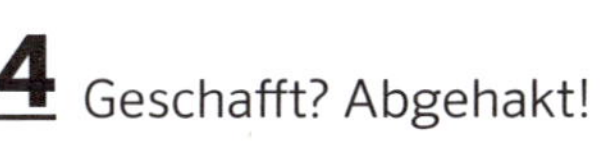

4 Geschafft? Abgehakt!

JOUR 4

1 Lies das französische Wort laut vor und schreibe es auf.

la **destination**
[dästinasjoN]
das Reiseziel

en retard
[aN rətar]
verspätet

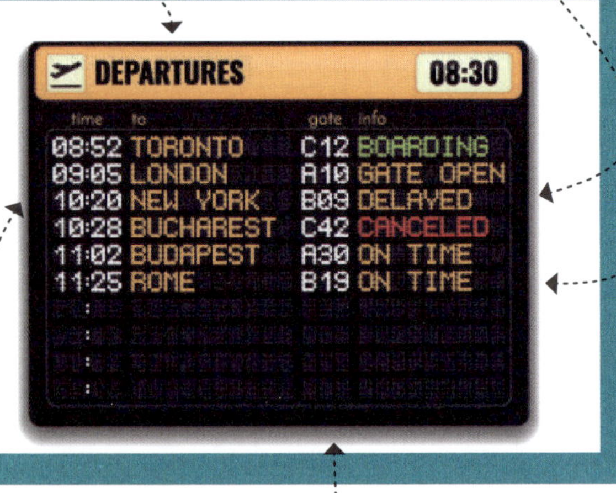

à l'heure
[a lər]
pünktlich

l'**heure**
[ər]
die Uhrzeit

la **porte d'embarquement**
[port daNbarkəmaN]
das Gate

2 Präge dir die 5 Wörter kurz ein.

3 Verdecke die linke Seite, schreibe die Wörter auf und sprich sie laut aus.

das **Reiseziel** ....

die **Uhrzeit** ....

das **Gate** ....

verspätet ....

pünktlich ....

4 Geschafft? Abgehakt!

JOUR **5**

1 Lies das französische Wort laut vor und schreibe es auf.

le **sandwich**
[saNduitsch]
das belegte Brot

le **gâteau**
[gato]
der Kuchen

la **soupe**
[sup]
die Suppe

le **plat mijoté**
[pla miJote]
der Eintopf

la **salade**
[salad]
der Salat

2 Präge dir die 5 Wörter kurz ein.

3 Verdecke die linke Seite, schreibe die Wörter auf und sprich sie laut aus.

das **belegte Brot** ....

der **Kuchen** ....

die **Suppe** ....

der **Eintopf** ....

der **Salat** ....

4 Geschafft? Abgehakt!

TESTE DICH !

Wie viele Wörter der letzten 5 Tage kannst du noch?

1 Verbinde jedes Bild mit dem richtigen Wort.

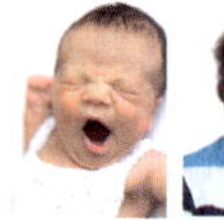

pleurer **le Wi-Fi®** **taper** **cliquer** **le sandwich** **fatigué** **le gâteau** **la soupe**

rire **le message** **leplat mijoté** **la salade** **en colère** **les réseaux sociaux** **triste**

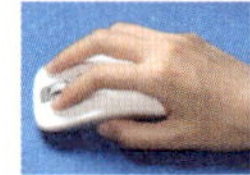

2 Suche im Wortgitter die französischen Wörter.

das **Insekt**
pünktlich
das **Reiseziel**
die **Blume**
der **Frosch**
die **Uhrzeit**
der **Fisch**
verspätet
die **Pflanze**

L	F	P	À	L	H	E	U	R	E	C
A	L	U	O	T	E	R	H	U	O	I
D	E	S	T	I	N	A	T	I	O	N
F	U	D	I	S	S	H	V	J	M	S
S	R	K	O	B	G	S	E	P	A	E
P	L	A	N	T	E	N	O	U	E	C
E	N	R	E	T	A	R	D	N	R	T
I	G	R	E	N	O	U	I	L	L	E

3 Verdecke die linke Seite und vervollständige dein Glossar.

.... la **grenouille**	das **Insekt** ....
das **Gate**	.... l'**heure**
der **Salat**	der **Kuchen** ....
klicken	.... **pleurer**
.... **rire**	die **Suppe** ....
.... **en colère**	.... la **destination**
die **sozialen Medien**	.... le **poisson**
das **belegte Brot**	die **Nachricht** ....
traurig	.... **en retard**
tippen	**pünktlich** ....
.... le **plat mijoté**	**müde** ....
das **WLAN**	.... la **fleur**
die **Pflanze**	Geschafft? Abgehakt!

JOUR 1

1 Lies das französische Wort laut vor und schreibe es auf.

la **maison**
[mäzoN]
das Haus

le **jardin**
[JardäN]
der Garten

le **chemin**
[schəmäN]
der Weg

la **porte**
[port]
die Tür

la **pelouse**
[pəluz]
der Rasen

2 Präge dir die 5 Wörter kurz ein.

3 Verdecke die linke Seite, schreibe die Wörter auf und sprich sie laut aus.

das **Haus** ....

der **Garten** ....

die **Tür** ....

der **Weg** ....

der **Rasen** ....

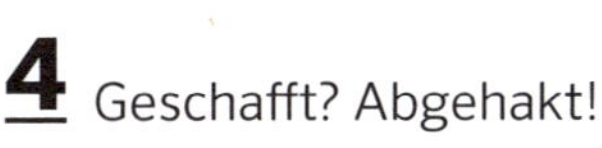

4 Geschafft? Abgehakt!

JOUR **2**

1 Lies das französische Wort laut vor und schreibe es auf.

nager
[naJe]
schwimmen

le **volley-ball**
[wolä bal]
der Volleyball

le **ski**
[ski]
das Skifahren

le **basket-ball**
[baskät bal]
der Basketball

le **tennis**
[tänis]
das Tennis

2 Präge dir die 5 Wörter kurz ein.

3 Verdecke die linke Seite, schreibe die Wörter auf und sprich sie laut aus.

schwimmen ....

der **Volleyball** ....

der **Basketball** ....

das **Tennis** ....

das **Skifahren** ....

4 Geschafft? Abgehakt!

JOUR **3**

1 Lies das französische Wort laut vor und schreibe es auf.

le **timbre**
[täNbr]
die Briefmarke

l'**adresse**
[adräs]
die Adresse

la **boîte aux lettres**
[buat o lätr]
der Briefkasten

le **colis**
[koli]
das Paket

la **lettre**
[lätr]
der Brief

2 Präge dir die 5 Wörter kurz ein.

3 Verdecke die linke Seite, schreibe die Wörter auf und sprich sie laut aus.

die **Briefmarke** ....

die **Adresse** ....

der **Briefkasten** ....

das **Paket** ....

der **Brief** ....

4 Geschafft? Abgehakt!

JOUR 4

1 Lies das französische Wort laut vor und schreibe es auf.

la **robe**
[rob]
das Kleid

---

le **t-shirt**
[ti schərt]
das T-Shirt

---

le **short**
[schort]
die Shorts

---

la **sandale**
[saNdal]
die Sandale

---

la **chaussure**
[schosür]
der Schuh

2 Präge dir die 5 Wörter kurz ein.

3 Verdecke die linke Seite, schreibe die Wörter auf und sprich sie laut aus.

der **Schuh** ....

das **T-Shirt** ....

die **Shorts** ....

das **Kleid** ....

die **Sandale** ....

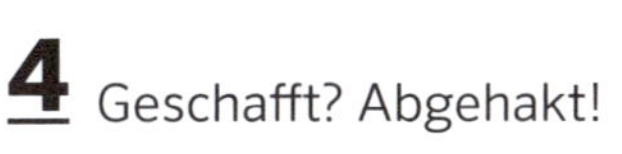

4 Geschafft? Abgehakt!

JOUR **5**

1 Lies das französische Wort laut vor und schreibe es auf.

la **vache**
[wasch]
die Kuh

---

l'**âne**
[an]
der Esel

le **cochon**
[koschoN]
das Schwein

---

la **chèvre**
[schäwr]
die Ziege

---

le **mouton**
[mutoN]
das Schaf

2 Präge dir die 5 Wörter kurz ein.

3 Verdecke die linke Seite, schreibe die Wörter auf und sprich sie laut aus.

der **Esel** ....

die **Ziege** ....

das **Schwein** ....

das **Schaf** ....

die **Kuh** ....

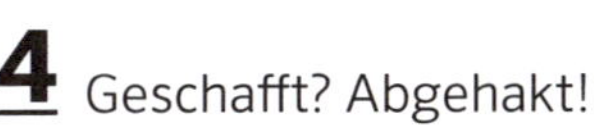

TESTE DICH ! Wie viele Wörter der letzten 5 Tage kannst du noch?

1 Verbinde jedes Bild mit dem richtigen Wort.

le tennis **le timbre** **nager** **l'adresse** **la chèvre** **le basket-ball** **la pelouse** **le ski**

le colis **la lettre** **le volley-ball** **la boîte aux lettres** **la sandale** **le cochon** **la chaussure**

2 Suche im Wortgitter die französischen Wörter.

der **Esel**
der **Garten**
das **Haus**
das **Kleid**
die **Kuh**
das **Schaf**
die **Shorts**
das **T-Shirt**
die **Tür**
der **Weg**

M	A	I	S	O	N	I	O	F
C	O	J	R	A	E	M	P	L
U	H	U	N	H	K	P	O	G
B	O	E	T	S	H	I	R	T
S	E	I	M	O	D	R	T	Q
J	A	R	D	I	N	O	E	Â
S	H	O	R	T	N	B	V	N
A	T	V	A	C	H	E	C	E

3 Verdecke die linke Seite und vervollständige dein Glossar.

der **Basketball**	das **Skifahren** ....
die **Shorts**	das **T-Shirt** ....
.... la **vache**	die **Ziege** ....
die **Adresse**	der **Garten** ....
das **Haus**	.... le **cochon**
.... le **chemin**	.... la **chaussure**
der **Brief**	das **Tennis** ....
.... l'**âne**	.... le **colis**
die **Tür**	das **Kleid** ....
die **Briefmarke**	die **Sandale** ....
.... le **mouton**	.... la **pelouse**
der **Briefkasten**	der **Volleyball** ....
.... **nager**	Geschafft? Abgehakt!

JOUR 1

1 Lies das französische Wort laut vor und schreibe es auf.

le **père**
[pär]
der Vater

la **fille**
[fij]
die Tochter

la **famille**
[famij]
die Familie

le **fils**
[fis]
der Sohn

la **mère**
[mär]
die Mutter

2 Präge dir die 5 Wörter kurz ein.

3 Verdecke die linke Seite, schreibe die Wörter auf und sprich sie laut aus.

die **Tochter** ....

der **Sohn** ....

die **Mutter** ....

der **Vater** ....

die **Familie** ....

4 Geschafft? Abgehakt!

JOUR **2**

1 Lies das französische Wort laut vor und schreibe es auf.

faire les courses
[fär lä kurs]
einkaufen gehen

le **parking**
[parkinj]
der Parkplatz

payer
[päje]
bezahlen

se **garer**
[sə gare]
parken

le **supermarché**
[süpärmarsche]
der Supermarkt

2 Präge dir die 5 Wörter kurz ein.

3 Verdecke die linke Seite, schreibe die Wörter auf und sprich sie laut aus.

einkaufen gehen ....

bezahlen ....

parken ....

der **Parkplatz** ....

der **Supermarkt** ....

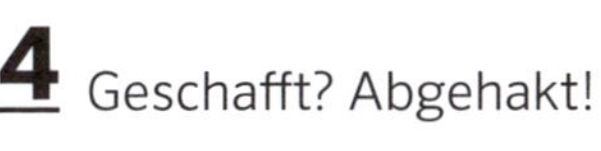

4 Geschafft? Abgehakt!

JOUR 3

1 Lies das französische Wort laut vor und schreibe es auf.

le **lait**
[lä]
die Milch

la **crème**
[kräm]
die Sahne

le **fromage**
[fromaJ]
der Käse

l'**œuf**
[əf]
das Ei

le **yaourt**
[jaurt]
der Joghurt

2 Präge dir die 5 Wörter kurz ein.

3 Verdecke die linke Seite, schreibe die Wörter auf und sprich sie laut aus.

die **Milch** ....

die **Sahne** ....

der **Joghurt** ....

der **Käse** ....

das **Ei** ....

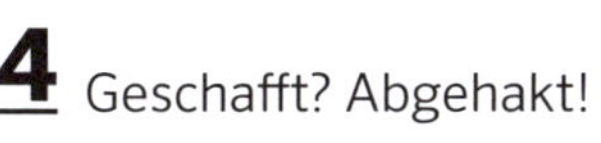

4 Geschafft? Abgehakt!

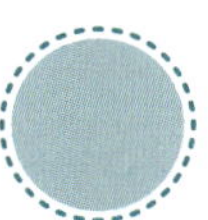

JOUR **4**

1 Lies das französische Wort laut vor und schreibe es auf.

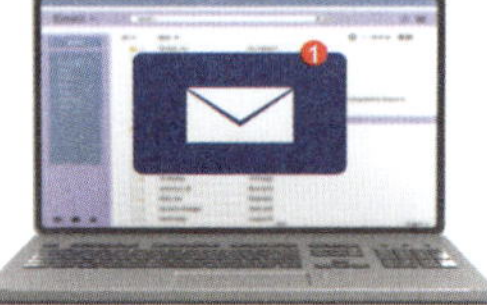

l'**e-mail**
[i mäjl]
die E-Mail

le **téléphone**
[telefon]
das Telefon

la **batterie**
[batri]
der Akku

appeler quelqu'un
[aple kälkäN]
jemanden anrufen

téléphoner
[telefone]
telefonieren

2 Präge dir die 5 Wörter kurz ein.

3 Verdecke die linke Seite, schreibe die Wörter auf und sprich sie laut aus.

die **E-Mail** ....

das **Telefon** ....

der **Akku** ....

jemanden anrufen ....

telefonieren ....

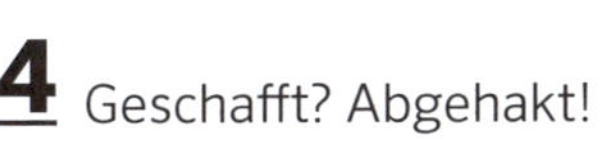

4 Geschafft? Abgehakt!

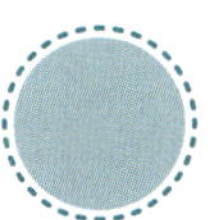

JOUR 5

1 Lies das französische Wort laut vor und schreibe es auf.

l’**animal de compagnie**
[animal də koNpanji]
das Haustier

l’**animal**
[animal]
das Tier

l’**être humain**
[ätr ümäN]
der Mensch

le **chat**
[scha]
die Katze

le **chien**
[shjäN]
der Hund

2 Präge dir die 5 Wörter kurz ein.

3 Verdecke die linke Seite, schreibe die Wörter auf und sprich sie laut aus.

das **Haustier** ....

das **Tier** ....

der **Mensch** ....

die **Katze** ....

der **Hund** ....

4 Geschafft? Abgehakt!

TESTE DICH!

Wie viele Wörter der letzten 5 Tage kannst du noch?

1 Verbinde jedes Bild mit dem richtigen Wort.

se garer **l'e-mail** **l'être humain** **payer** **téléphoner** **appeler quelqu'un** **l'animal** **le chien**

le téléphone **l'animal de compagnie** **le chat** **la batterie** **le supermarché** **faire les courses** **le parking**

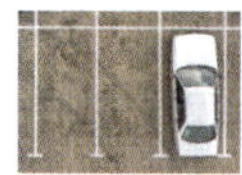      

2 Suche im Wortgitter die französischen Wörter.

das **Ei**
die **Familie**
der **Joghurt**
der **Käse**
die **Milch**
die **Mutter**
die **Sahne**
der **Sohn**
die **Tochter**
der **Vater**

H	B	E	M	Y	L	O	I
F	R	O	M	A	G	E	A
A	F	L	P	O	N	U	H
M	F	A	C	U	I	F	F
I	E	I	D	R	M	G	I
L	A	T	L	T	È	J	L
L	Q	U	O	S	R	M	L
E	C	P	È	R	E	K	E

3 Verdecke die linke Seite und vervollständige dein Glossar.

.... se **garer**	der **Supermarkt** ....
der **Akku**	das **Telefon** ....
der **Hund**	das **Tier** ....
die **Sahne**	.... le **fils**
.... la **fille**	der **Mensch** ....
der **Vater**	die **E-Mail** ....
.... l'**œuf**	der **Parkplatz** ....
.... l'**animal de compagnie**	der **Käse** ....
die **Mutter**	.... **appeler quelqu'un**
.... le **lait**	**telefonieren** ....
.... le **chat**	die **Familie** ....
der **Joghurt**	**bezahlen** ....
.... **faire les courses**	

Geschafft? Abgehakt!

JOUR 1

1 Lies das französische Wort laut vor und schreibe es auf.

la **piscine**
[pisin]
der Pool

---

la **plage**
[plaJ]
der Strand

les **vacances**
[wakaNs]
der Urlaub

---

le **sable**
[sabl]
der Sand

---

la **mer**
[mär]
das Meer

2 Präge dir die 5 Wörter kurz ein.

3 Verdecke die linke Seite, schreibe die Wörter auf und sprich sie laut aus.

der **Urlaub** ....

der **Pool** ....

der **Strand** ....

das **Meer** ....

der **Sand** ....

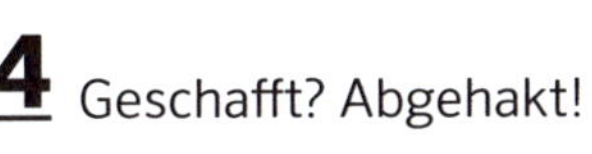

JOUR 2

1 Lies das französische Wort laut vor und schreibe es auf.

la **poste**
[post]
die Post

l'**hôpital**
[opital]
das Krankenhaus

la **pharmacie**
[farmasi]
die Apotheke

la **police**
[polis]
die Polizei

les **pompiers**
[poNpje]
die Feuerwehr

2 Präge dir die 5 Wörter kurz ein.

3 Verdecke die linke Seite, schreibe die Wörter auf und sprich sie laut aus.

die **Post** ....

das **Krankenhaus** ....

die **Apotheke** ....

die **Polizei** ....

die **Feuerwehr** ....

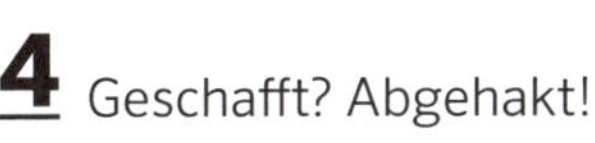

4 Geschafft? Abgehakt!

JOUR 3

1 Lies das französische Wort laut vor und schreibe es auf.

sourire
[surir]
lächeln

---

les **parents**
[paraN]
die Eltern

le **bébé**
[bebe]
das Baby

---

l'**homme**
[om]
der Mann

---

la **femme**
[fam]
die Frau

2 Präge dir die 5 Wörter kurz ein.

3 Verdecke die linke Seite, schreibe die Wörter auf und sprich sie laut aus.

die **Eltern** ....

das **Baby** ....

der **Mann** ....

die **Frau** ....

lächeln ....

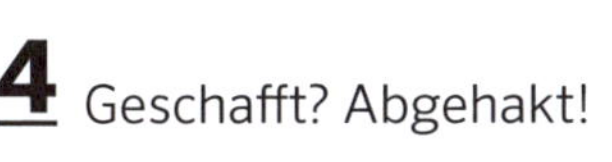

JOUR 4

1 Lies das französische Wort laut vor und schreibe es auf.

la **voiture**
[wuatür]
das Auto

---

le **casque**
[kask]
der Helm

le **bus**
[büs]
der Bus

---

le **vélo**
[welo]
das Fahrrad

---

freiner
[fräne]
bremsen

2 Präge dir die 5 Wörter kurz ein.

3 Verdecke die linke Seite, schreibe die Wörter auf und sprich sie laut aus.

das **Auto** ....

der **Bus** ....

das **Fahrrad** ....

der **Helm** ....

bremsen ....

4 Geschafft? Abgehakt!

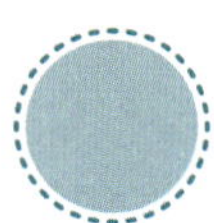

JOUR 5

1 Lies das französische Wort laut vor und schreibe es auf.

la **tomate**
[tomat]
die Tomate

---

le **poulet**
[pulä]
das Hähnchen

le **concombre**
[koNkoNbr]
die Gurke

---

le **poivron**
[puawroN]
der/die Paprika

---

le **champignon**
[schaNpinjoN]
der Champignon

2 Präge dir die 5 Wörter kurz ein.

3 Verdecke die linke Seite, schreibe die Wörter auf und sprich sie laut aus.

das **Hähnchen** ....

der **Champignon** ....

der/die **Paprika** ....

die **Tomate** ....

die **Gurke** ....

4 Geschafft? Abgehakt!

TESTE DICH! Wie viele Wörter der letzten 5 Tage kannst du noch?

1 Verbinde jedes Bild mit dem richtigen Wort.

la piscine **la poste** **freiner** **l'hôpital** **le bébé** **la police** **la plage** **les pompiers**

le poivron **le casque** **la pharmacie** **l'homme** **la tomate** **le concombre** **la femme**

2 Suche im Wortgitter die französischen Wörter.

das **Auto**
der **Bus**
der **Champignon**
die **Eltern**
das **Fahrrad**
das **Hähnchen**
lächeln
das **Meer**
der **Sand**
der **Urlaub**

V	O	I	T	U	R	E	H	P	B
A	É	R	P	O	U	L	E	T	U
C	E	L	F	A	D	N	G	I	S
A	J	S	O	U	R	I	R	E	C
N	Q	E	S	A	T	E	Z	O	M
C	H	A	M	P	I	G	N	O	N
E	U	I	O	E	V	K	U	T	Y
S	A	B	L	E	R	B	L	A	S

3 Verdecke die linke Seite und vervollständige dein Glossar.

der **Urlaub**	.... les **pompiers**
die **Apotheke**	der **Bus** ....
.... le **vélo**	der **Champignon** ....
.... le **concombre**	der **Pool** ....
das **Baby**	.... le **poivron**
das **Meer**	das **Auto** ....
.... **sourire**	die **Polizei** ....
das **Hähnchen**	die **Frau** ....
der **Strand**	.... le **casque**
die **Eltern**	.... **freiner**
die **Tomate**	.... le **sable**
.... l'**homme**	das **Krankenhaus** ....
die **Post**	Geschafft? Abgehakt!

JOUR 1

1 Lies das französische Wort laut vor und schreibe es auf.

faire la lessive
[fär la läsiw]
die Wäsche waschen

mouillé
[muje]
nass

sec
[säk]
trocken

sale
[sal]
schmutzig

propre
[propr]
sauber

2 Präge dir die 5 Wörter kurz ein.

3 Verdecke die linke Seite, schreibe die Wörter auf und sprich sie laut aus.

die Wäsche waschen ....

nass ....

trocken ....

schmutzig ....

sauber ....

4 Geschafft? Abgehakt!

JOUR 2

1 Lies das französische Wort laut vor und schreibe es auf.

aujourd'hui
[oJurdüi]
heute

---

demain
[dəmäN]
morgen

hier
[ijär]
gestern

---

le **jour**
[Jur]
der Tag

---

la **semaine**
[səmän]
die Woche

2 Präge dir die 5 Wörter kurz ein.

3 Verdecke die linke Seite, schreibe die Wörter auf und sprich sie laut aus.

heute ....

morgen ....

gestern ....

die **Woche** ....

der **Tag** ....

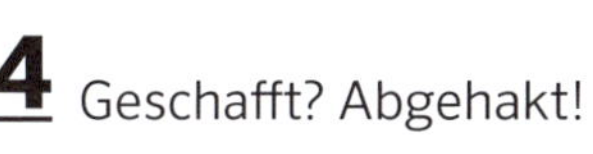

4 Geschafft? Abgehakt!

JOUR 3

1 Lies das französische Wort laut vor und schreibe es auf.

le **mal de gorge**
[mal də gorJ]
die Halsschmerzen

tousser
[tuse]
husten

le **rhume**
[rüm]
die Erkältung

éternuer
[etärnüe]
niesen

la **fièvre**
[fjäwr]
das Fieber

2 Präge dir die 5 Wörter kurz ein.

3 Verdecke die linke Seite, schreibe die Wörter auf und sprich sie laut aus.

die **Halsschmerzen** ....

husten ....

die **Erkältung** ....

niesen ....

das **Fieber** ....

4 Geschafft? Abgehakt!

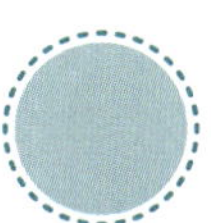

JOUR **4**

1 Lies das französische Wort laut vor und schreibe es auf.

le **café**
[kafe]
der Kaffee

le **thé**
[te]
der Tee

le **chocolat**
[schokola]
die Schokolade

le **biscuit**
[bisküi]
der Keks

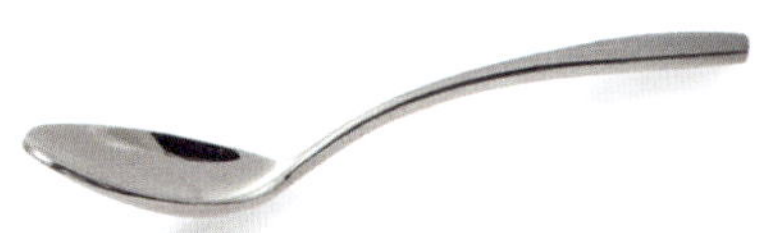

la **cuillère**
[küijär]
der Löffel

2 Präge dir die 5 Wörter kurz ein.

3 Verdecke die linke Seite, schreibe die Wörter auf und sprich sie laut aus.

der **Kaffee** ....

der **Tee** ....

die **Schokolade** ....

der **Keks** ....

der **Löffel** ....

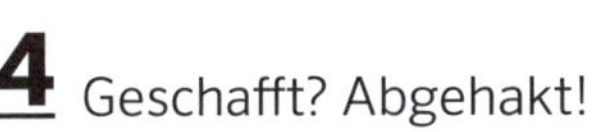

JOUR 5

1 Lies das französische Wort laut vor und schreibe es auf.

la **veste**
[wäst]
die Jacke

l'**écharpe**
[escharp]
der Schal

---

le **jean**
[dJin]
die Jeans

---

le **parapluie**
[paraplüi]
der Regenschirm

---

la **botte**
[bot]
der Stiefel

2 Präge dir die 5 Wörter kurz ein.

3 Verdecke die linke Seite, schreibe die Wörter auf und sprich sie laut aus.

die **Jacke** ....

die **Jeans** ....

der **Regenschirm** ....

der **Schal** ....

der **Stiefel** ....

4 Geschafft? Abgehakt!

TESTE DICH!

Wie viele Wörter der letzten 5 Tage kannst du noch?

1 Verbinde jedes Bild mit dem richtigen Wort.

propre **le thé** **la cuillère** **sec** **faire la lessive** **la fièvre** **le café** **le rhume**

mouillé **tousser** **le chocolat** **sale** **le biscuit** **le mal de gorge** **éternuer**

2 Suche im Wortgitter die französischen Wörter.

gestern
heute
die **Jacke**
die **Jeans**
morgen
der **Regenschirm**
der **Schal**
der **Stiefel**
der **Tag**
die **Woche**

I	É	C	H	A	R	P	E	D	S
A	P	A	R	A	P	L	U	I	E
V	R	F	J	O	U	R	C	J	M
N	E	P	H	M	J	Q	U	O	A
A	S	S	E	I	O	E	K	B	I
L	G	H	T	D	E	M	A	I	N
B	O	T	T	E	T	R	I	N	E
A	U	J	O	U	R	D	H	U	I

3 Verdecke die linke Seite und vervollständige dein Glossar.

________ **hier**	der **Tag** ________
die **Schokolade** ________	der **Tee** ________
der **Stiefel** ________	die **Jeans** ________
________ **tousser**	________ **mouillé**
die Wäsche waschen ________	________ le **parapluie**
________ **sale**	der **Kaffee** ________
das **Fieber** ________	die **Woche** ________
die **Jacke** ________	________ **éternuer**
trocken ________	der **Keks** ________
________ le **mal de gorge**	________ la **cuillère**
________ l'**écharpe**	**sauber** ________
________ le **rhume**	**morgen** ________
heute ________	

Geschafft? Abgehakt!

JOUR **1**

1 Lies das französische Wort laut vor und schreibe es auf.

le **château**
[schato]
das Schloss

l'**hôtel**
[otäl]
das Hotel

le **marché**
[marsche]
der Markt

le **magasin**
[magazä]
das Geschäft

----

la **boulangerie**
[bulaNJri]
die Bäckerei

2 Präge dir die 5 Wörter kurz ein.

3 Verdecke die linke Seite, schreibe die Wörter auf und sprich sie laut aus.

das **Schloss** ....

das **Hotel** ....

der **Markt** ....

das **Geschäft** ....

die **Bäckerei** ....

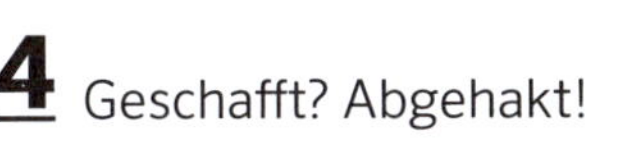

4 Geschafft? Abgehakt!

JOUR 2

1 Lies das französische Wort laut vor und schreibe es auf.

la **petite-fille**
[ptitfij]
die Enkelin

la **grand-mère**
[graNmär]
die Großmutter

le **grand-père**
[graNpär]
der Großvater

le **petit-fils**
[ptifis]
der Enkel

jouer
[Jue]
spielen

2 Präge dir die 5 Wörter kurz ein.

3 Verdecke die linke Seite, schreibe die Wörter auf und sprich sie laut aus.

der **Enkel** ....

die **Enkelin** ....

der **Großvater** ....

die **Großmutter** ....

spielen ....

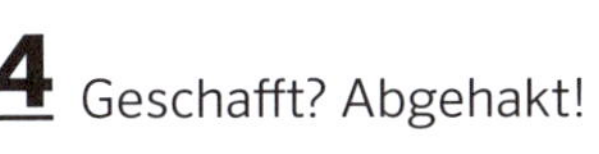

4 Geschafft? Abgehakt!

JOUR 3

1 Lies das französische Wort laut vor und schreibe es auf.

manger
[maNJe]
essen

sucré
[sükre]
süß

salé
[sale]
salzig

avoir bon goût
[awuar boN gu]
schmecken

sentir
[saNtir]
riechen

2 Präge dir die 5 Wörter kurz ein.

3 Verdecke die linke Seite, schreibe die Wörter auf und sprich sie laut aus.

essen ....

süß ....

salzig ....

schmecken ....

riechen ....

4 Geschafft? Abgehakt!

JOUR 4

1 Lies das französische Wort laut vor und schreibe es auf.

l'**avion**
[awjoN]
das Flugzeug

l'**aéroport**
[aeropor]
der Flughafen

attendre
[ataNdr]
warten

le **sac**
[sak]
die Tasche

la **valise**
[waliz]
der Koffer

2 Präge dir die 5 Wörter kurz ein.

3 Verdecke die linke Seite, schreibe die Wörter auf und sprich sie laut aus.

der **Koffer** ....

die **Tasche** ....

warten ....

das **Flugzeug** ....

der **Flughafen** ....

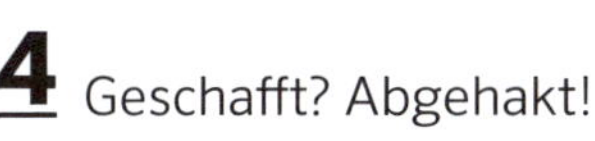

4 Geschafft? Abgehakt!

JOUR 5

1 Lies das französische Wort laut vor und schreibe es auf.

l'**immeuble**
[iməbl]
das Mehrfamilienhaus

---

le **premier étage**
[prəmje retaJ]
der erste Stock

la **cave**
[kaw]
der Keller

---

le **rez-de-chaussée**
[re dschose]
das Erdgeschoss

---

l'**escalier**
[äskalje]
die Treppe

2 Präge dir die 5 Wörter kurz ein.

3 Verdecke die linke Seite, schreibe die Wörter auf und sprich sie laut aus.

das **Mehrfamilienhaus** ....

der **Keller** ....

das **Erdgeschoss** ....

der **erste Stock** ....

die **Treppe** ....

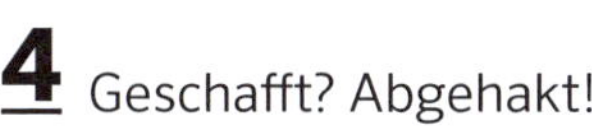

4 Geschafft? Abgehakt!

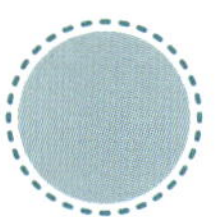

TESTE DICH ! Wie viele Wörter der letzten 5 Tage kannst du noch?

1 Verbinde jedes Bild mit dem richtigen Wort.

le magasin **le château** **la valise** **sentir** **le petit-fils** **la petite-fille** **le marché** **salé**

sucré **le grand-père** **l'hôtel** **la grand-mère** **avoir bon goût** **la boulangerie** **manger**

2 Suche im Wortgitter die französischen Wörter.

das **Erdgeschoss**
der **erste Stock**
der **Flughafen**
das **Flugzeug**
der **Keller**
das **Mehrfamilienhaus**
spielen
die **Tasche**
die **Treppe**
warten

D	R	A	V	I	O	N	M	U	C	E	T	P
L	P	R	E	M	I	E	R	É	T	A	G	E
P	S	Y	C	M	W	A	V	I	R	S	V	J
J	A	T	T	E	N	D	R	E	U	O	I	E
O	C	S	O	U	E	S	C	A	L	I	E	R
U	T	N	D	B	E	H	F	A	Q	U	G	B
E	F	B	K	L	A	É	R	O	P	O	R	T
R	E	Z	D	E	C	H	A	U	S	S	É	E

3 Verdecke die linke Seite und vervollständige dein Glossar.

das **Schloss**	**spielen** ....
der **Großvater**	die **Tasche** ....
.... **attendre**	der **Keller** ....
.... l'**escalier**	das **Hotel** ....
süß	.... le **rez-de-chaussée**
das **Geschäft**	der **Koffer** ....
.... **sentir**	.... la **grand-mère**
.... l'**immeuble**	**schmecken** ....
der **Markt**	.... l'**avion**
essen	der **Flughafen** ....
der **erste Stock**	die **Bäckerei** ....
.... **salé**	.... la **petite-fille**
.... le **petit-fils**	

Geschafft? Abgehakt!

JOUR **1**

1 Lies das französische Wort laut vor und schreibe es auf.

laid
[lä]
hässlich

beau
[bo]
schön

court
[kur]
kurz

long
[loN]
lang

dangereux
[daNJrö]
gefährlich

2 Präge dir die 5 Wörter kurz ein.

3 Verdecke die linke Seite, schreibe die Wörter auf und sprich sie laut aus.

hässlich ....

schön ....

kurz ....

gefährlich ....

lang ....

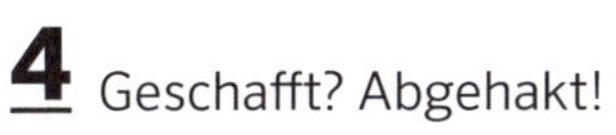

4 Geschafft? Abgehakt!

JOUR 2

1 Lies das französische Wort laut vor und schreibe es auf.

le **magazine**
[magazin]
die Zeitschrift

le **livre**
[liwr]
das Buch

la **radio**
[radjo]
das Radio

la **télévision**
[telewizjoN]
der Fernseher

le **journal**
[Jurnal]
die Zeitung

2 Präge dir die 5 Wörter kurz ein.

3 Verdecke die linke Seite, schreibe die Wörter auf und sprich sie laut aus.

die **Zeitschrift** ....

das **Buch** ....

das **Radio** ....

der **Fernseher** ....

die **Zeitung** ....

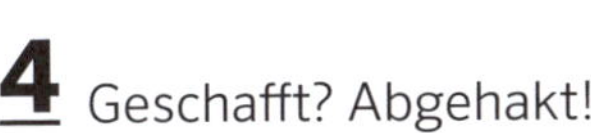

4 Geschafft? Abgehakt!

JOUR **3**

1 Lies das französische Wort laut vor und schreibe es auf.

le **camping-car**
[kaNpinj kar]
das Wohnmobil

---

la **tente**
[taNt]
das Zelt

la **montagne**
[moNtanj]
der Berg

---

le **camping**
[kaNpinj]
der Campingplatz

---

la **vallée**
[wale]
das Tal

2 Präge dir die 5 Wörter kurz ein.

3 Verdecke die linke Seite, schreibe die Wörter auf und sprich sie laut aus.

das **Wohnmobil** ....

der **Campingplatz** ....

das **Zelt** ....

das **Tal** ....

der **Berg** ....

4 Geschafft? Abgehakt!

JOUR **4**

1 Lies das französische Wort laut vor und schreibe es auf.

la **femme**
[fam]
die Ehefrau

le **mari**
[mari]
der Ehemann

l'**enfant**
[aNfaN]
das Kind

Monsieur …
[məsjö]
Herr …

Madame …
[madam]
Frau …

2 Präge dir die 5 Wörter kurz ein.

3 Verdecke die linke Seite, schreibe die Wörter auf und sprich sie laut aus.

der **Ehemann** ....

die **Ehefrau** ....

das **Kind** ....

Herr ... .

Frau ... .

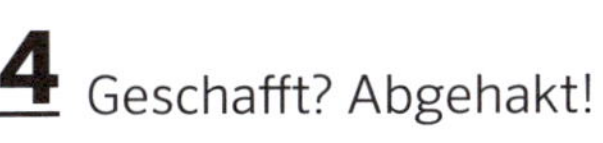

4 Geschafft? Abgehakt!

JOUR **5**

1 Lies das französische Wort laut vor und schreibe es auf.

l'**oignon**
[onjoN]
die Zwiebel

----

la **citrouille**
[sitruj]
der Kürbis

la **pomme de terre**
[pom də tär]
die Kartoffel

----

l'**ail**
[aj]
der Knoblauch

----

la **carotte**
[karot]
die Karotte

2 Präge dir die 5 Wörter kurz ein.

3 Verdecke die linke Seite, schreibe die Wörter auf und sprich sie laut aus.

die **Zwiebel** ....

die **Karotte** ....

die **Kartoffel** ....

der **Kürbis** ....

der **Knoblauch** ....

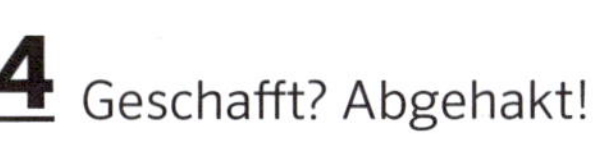

4 Geschafft? Abgehakt!

TESTE DICH! Wie viele Wörter der letzten 5 Tage kannst du noch?

1 Verbinde jedes Bild mit dem richtigen Wort.

laid **le livre** **beau** **long** **le journal** **le camping-car** **court** **la carotte**

la pomme de terre **dangereux** **la radio** **la femme** **la télévision** **le magazine** **l'ail**

2 Suche im Wortgitter die französischen Wörter.

der **Berg**
der **Campingplatz**
der **Ehemann**
Frau ...
Herr ...
das **Kind**
der **Kürbis**
das **Tal**
die **Zwiebel**
das **Zelt**

M	C	A	M	P	I	N	G	H	A
A	V	M	O	N	T	A	G	N	E
D	A	B	N	I	M	P	K	O	N
A	L	Q	S	F	G	A	N	L	F
M	L	U	I	A	R	N	R	C	A
E	É	T	E	N	T	E	O	I	N
I	E	G	U	E	M	J	D	N	T
C	I	T	R	O	U	I	L	L	E

3 Verdecke die linke Seite und vervollständige dein Glossar.

das **Radio**	die **Zeitung** ....
das **Kind**	die **Ehefrau** ....
.... l'**ail**	die **Karotte** ....
der **Campingplatz**	.... **beau**
.... **laid**	die **Kartoffel** ....
gefährlich	.... le **mari**
der **Berg**	der **Fernseher** ....
die **Zwiebel**	das **Tal** ....
.... **court**	**Herr ...** ....
das **Wohnmobil**	.... **Madame ...**
.... la **citrouille**	**lang** ....
das **Zelt**	.... le **livre**
die **Zeitschrift**	Geschafft? Abgehakt!

JOUR 1

1 Lies das französische Wort laut vor und schreibe es auf.

bricoler
[brikole]
basteln

lire
[lir]
lesen

se **détendre**
[sə detaNdr]
sich entspannen

se **promener**
[sə promne]
spazieren gehen

regarder la télévision
[rəgarde la telewizjoN]
fernsehen

2 Präge dir die 5 Wörter kurz ein.

3 Verdecke die linke Seite, schreibe die Wörter auf und sprich sie laut aus.

basteln ....

lesen ....

sich **entspannen** ....

spazieren gehen ....

fernsehen ....

4 Geschafft? Abgehakt!

JOUR 2

1 Lies das französische Wort laut vor und schreibe es auf.

se **réveiller**
[sə rewäje]
aufwachen

maintenant
[mäntnaN]
jetzt

l'**heure**
[ər]
die Stunde

la **minute**
[minüt]
die Minute

la **seconde**
[səgoNd]
die Sekunde

2 Präge dir die 5 Wörter kurz ein.

3 Verdecke die linke Seite, schreibe die Wörter auf und sprich sie laut aus.

aufwachen ....

jetzt ....

die **Stunde** ....

die **Minute** ....

die **Sekunde** ....

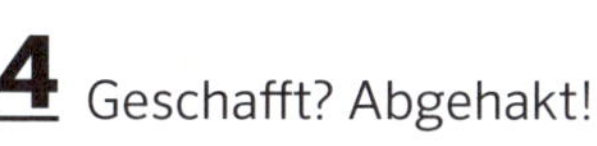

4 Geschafft? Abgehakt!

JOUR 3

1 Lies das französische Wort laut vor und schreibe es auf.

le **dentifrice**
[daNtifris]
die Zahnpasta

---

le **robinet**
[robinä]
der Wasserhahn

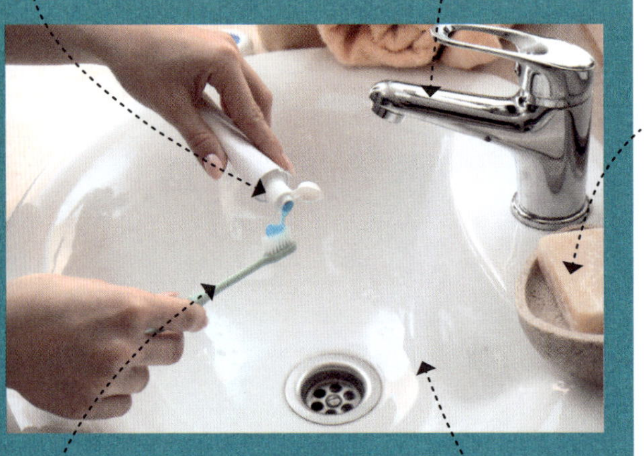

le **savon**
[sawoN]
die Seife

---

la **brosse à dents**
[brosadaN]
die Zahnbürste

---

le **lavabo**
[lawabo]
das Waschbecken

2 Präge dir die 5 Wörter kurz ein.

3 Verdecke die linke Seite, schreibe die Wörter auf und sprich sie laut aus.

die **Zahnpasta** ....

die **Seife** ....

das **Waschbecken** ....

der **Wasserhahn** ....

die **Zahnbürste** ....

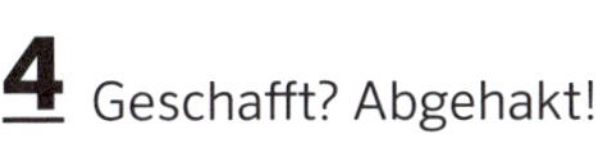

4 Geschafft? Abgehakt!

JOUR **4**

1 Lies das französische Wort laut vor und schreibe es auf.

la **station-service**
[stasjoN särwis]
die Tankstelle

le **gazole**
[gazol]
der Diesel

l'**essence**
[äsaNs]
das Benzin

la **borne de recharge**
[born də rəscharJ]
die Ladesäule

prendre de l'essence
[praNdr də läsaNs]
tanken

2 Präge dir die 5 Wörter kurz ein.

3 Verdecke die linke Seite, schreibe die Wörter auf und sprich sie laut aus.

das **Benzin** ....

der **Diesel** ....

die **Tankstelle** ....

die **Ladesäule** ....

tanken ....

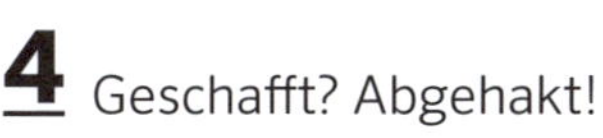

4 Geschafft? Abgehakt!

JOUR 5

1 Lies das französische Wort laut vor und schreibe es auf.

jeune
[Jən]
jung

petit
[pəti]
klein

grand
[graN]
groß

vieux
[wjö]
alt

heureux
[örö]
glücklich

2 Präge dir die 5 Wörter kurz ein.

3 Verdecke die linke Seite, schreibe die Wörter auf und sprich sie laut aus.

jung ....

alt ....

groß ....

klein ....

glücklich ....

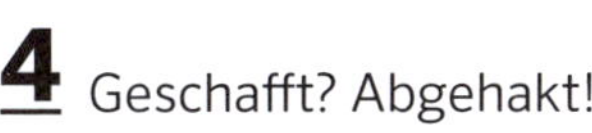

4 Geschafft? Abgehakt!

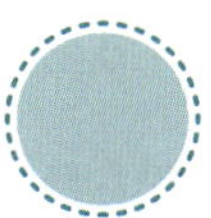

TESTE DICH! Wie viele Wörter der letzten 5 Tage kannst du noch?

1 Verbinde jedes Bild mit dem richtigen Wort.

le gazole **le savon** **la borne de recharge** **regarder la télévision** **le dentifrice** **l'essence** **jeune** **le robinet**

se promener **lire** **se détendre** **l'heure** **prendre de l'essence** **bricoler** **la station-service**

2 Suche im Wortgitter die französischen Wörter.

aufwachen
alt
glücklich
groß
jetzt
klein
die **Minute**
die **Sekunde**
das **Waschbecken**
die **Zahnbürste**

R	É	V	E	I	L	L	E	R	Z	M	W
V	J	M	A	I	N	T	E	N	A	N	T
E	U	P	I	R	I	T	O	E	V	E	G
S	E	C	O	N	D	E	Q	A	I	P	R
X	S	D	B	N	U	F	U	H	E	E	A
L	A	V	A	B	O	T	K	L	U	T	N
C	G	Y	H	E	U	R	E	U	X	I	D
B	R	O	S	S	E	À	D	E	N	T	S

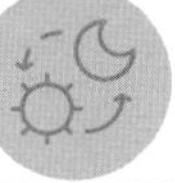

3 Verdecke die linke Seite und vervollständige dein Glossar.

die **Stunde**	die **Sekunde** ....
die **Tankstelle**	der **Diesel** ....
.... **heureux**	.... **vieux**
die **Seife**	.... **lire**
.... **bricoler**	**groß** ....
spazieren gehen	.... l'**essence**
die **Zahnbürste**	die **Minute** ....
jung	.... le **robinet**
.... se **détendre**	die **Ladesäule** ....
die **Zahnpasta**	**tanken** ....
klein	**fernsehen** ....
.... le **lavabo**	.... **maintenant**
aufwachen	Geschafft? Abgehakt!

JOUR **1**

1 Lies das französische Wort laut vor und schreibe es auf.

la **banque**
[baNk]
die Bank

le **distributeur automatique**
[distribütər otomatik]
der Geldautomat

l'**argent**
[arJaN]
das Geld

la **carte bancaire**
[kart baNkär]
die Bankkarte

la **caisse**
[käs]
die Kasse

2 Präge dir die 5 Wörter kurz ein.

3 Verdecke die linke Seite, schreibe die Wörter auf und sprich sie laut aus.

die **Bank** ....

der **Geldautomat** ....

das **Geld** ....

die **Bankkarte** ....

die **Kasse** ....

4 Geschafft? Abgehakt!

JOUR 2

1 Lies das französische Wort laut vor und schreibe es auf.

le **vinaigre**
[winägr]
der Essig

l'**huile**
[üil]
das Öl

le **sel**
[säl]
das Salz

le **poivre**
[puawr]
der Pfeffer

les **herbes**
[ärb]
die Kräuter

2 Präge dir die 5 Wörter kurz ein.

3 Verdecke die linke Seite, schreibe die Wörter auf und sprich sie laut aus.

der **Essig** ....

das **Öl** ....

das **Salz** ....

der **Pfeffer** ....

die **Kräuter** ....

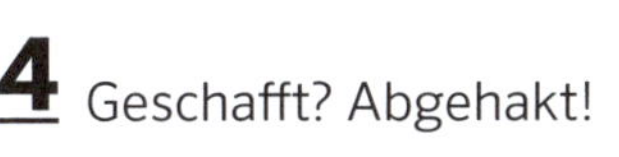

4 Geschafft? Abgehakt!

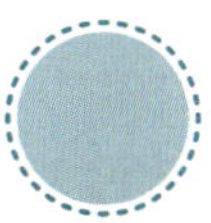

JOUR 3

1 Lies das französische Wort laut vor und schreibe es auf.

Bonjour !
[boNJur]
Hallo!

Au revoir !
[orwuar]
Tschüss!

Merci !
[märsi]
Danke!

prendre quelqu'un dans ses bras
[praNdr kälkäN daN sä bra]
sich umarmen

Pardon !
[pardoN]
Entschuldigung!

2 Präge dir die 5 Wörter kurz ein.

3 Verdecke die linke Seite, schreibe die Wörter auf und sprich sie laut aus.

Hallo! ....

Tschüss! ....

Danke! ....

sich **umarmen** ....

Entschuldigung! ....

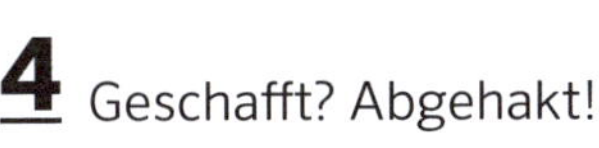

4 Geschafft? Abgehakt!

JOUR 4

1 Lies das französische Wort laut vor und schreibe es auf.

la **peau**
[po]
die Haut

le **pouce**
[pus]
der Daumen

le **doigt**
[dua]
der Finger

saigner
[sänje]
bluten

le **sang**
[saN]
das Blut

2 Präge dir die 5 Wörter kurz ein.

3 Verdecke die linke Seite, schreibe die Wörter auf und sprich sie laut aus.

die **Haut** ....

der **Daumen** ....

der **Finger** ....

das **Blut** ....

bluten ....

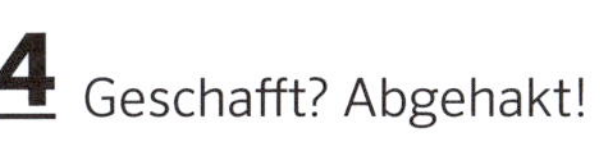

4 Geschafft? Abgehakt!

JOUR 5

1 Lies das französische Wort laut vor und schreibe es auf.

conduire
[koNdüir]
fahren

monter dans un véhicule
[moNte daN zäN weikül]
einsteigen

descendre d'un véhicule
[däsaNdr däN weikül]
aussteigen

changer de véhicule
[schaNJe də weikül]
umsteigen

prendre l'avion
[praNdr lawjoN]
fliegen

2 Präge dir die 5 Wörter kurz ein.

3 Verdecke die linke Seite, schreibe die Wörter auf und sprich sie laut aus.

fahren ....

einsteigen ....

aussteigen ....

umsteigen ....

fliegen ....

4 Geschafft? Abgehakt!

TESTE DICH ! Wie viele Wörter der letzten 5 Tage kannst du noch?

1 Verbinde jedes Bild mit dem richtigen Wort.

monter dans un véhicule | **la banque** | **Merci !** | **la caisse** | **le distributeur automatique** | **Au revoir !** | **Pardon !** | **prendre quelqu'un dans ses bras**

la carte bancaire | **Bonjour !** | **prendre l'avion** | **descendre d'un véhicule** | **conduire** | **l'argent** | **changer de véhicule**

2 Suche im Wortgitter die französischen Wörter.

das **Blut**
bluten
der **Daumen**
der **Essig**
der **Finger**
die **Haut**
die **Kräuter**
das **Öl**
der **Pfeffer**
das **Salz**

D	P	E	M	S	R	D	V	O
O	H	U	I	L	E	Q	I	H
I	E	T	P	S	N	L	N	O
G	R	I	E	O	A	Z	A	P
T	B	F	A	K	I	N	I	O
U	E	S	U	X	G	V	G	U
J	S	A	I	G	N	E	R	C
A	W	B	Y	C	V	L	E	E

3 Verdecke die linke Seite und vervollständige dein Glossar.

das **Salz**	die **Kräuter** ....
.... le **doigt**	.... le **pouce**
.... **prendre l'avion**	**einsteigen** ....
Tschüss!	der **Geldautomat** ....
die **Bank**	.... **descendre d'un véhicule**
die **Bankkarte**	die **Haut** ....
Entschuldigung!	.... le **poivre**
.... **conduire**	sich **umarmen** ....
.... l'**argent**	.... le **sang**
Hallo!	**bluten** ....
.... **changer de véhicule**	die **Kasse** ....
Danke!	.... l'**huile**
der **Essig**	

Geschafft? Abgehakt!

JOUR 1

1 Lies das französische Wort laut vor und schreibe es auf.

sourd
[sur]
gehörlos

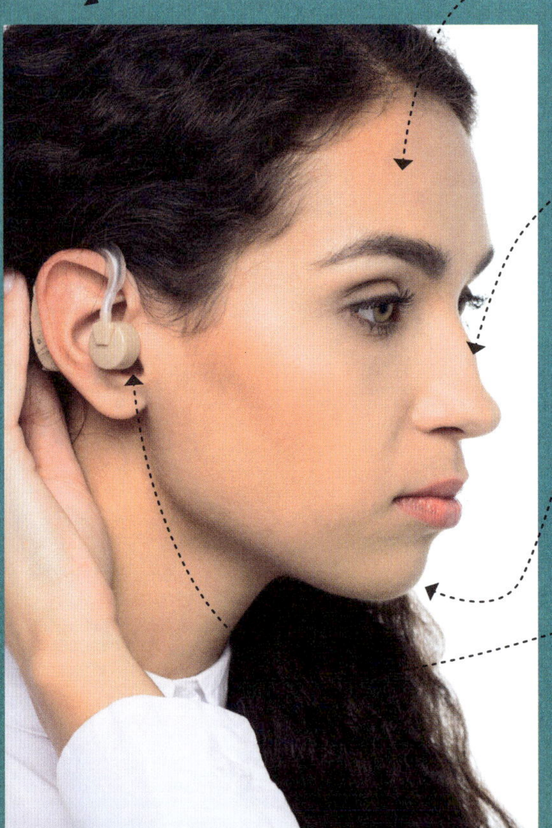

le **front**
[froN]
die Stirn

le **nez**
[ne]
die Nase

le **menton**
[maNtoN]
das Kinn

l'**appareil auditif**
[aparäj oditif]
das Hörgerät

2 Präge dir die 5 Wörter kurz ein.

3 Verdecke die linke Seite, schreibe die Wörter auf und sprich sie laut aus.

die **Stirn** ....

die **Nase** ....

das **Kinn** ....

das **Hörgerät** ....

gehörlos ....

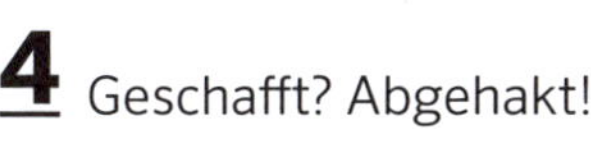

4 Geschafft? Abgehakt!

JOUR 2

1 Lies das französische Wort laut vor und schreibe es auf.

le **beurre**
[bər]
die Butter

le **petit pain**
[pəti päN]
das Brötchen

le **miel**
[mjäl]
der Honig

le **pain**
[päN]
das Brot

la **confiture**
[koNfitür]
die Marmelade

2 Präge dir die 5 Wörter kurz ein.

3 Verdecke die linke Seite, schreibe die Wörter auf und sprich sie laut aus.

die **Butter** ....

das **Brötchen** ....

der **Honig** ....

das **Brot** ....

die **Marmelade** ....

4 Geschafft? Abgehakt!

JOUR **3**

1 Lies das französische Wort laut vor und schreibe es auf.

le **bras**
[bra]
der Arm

la **tête**

[tät]
der Kopf

la **poitrine**
[puatrin]
die Brust

le **genou**
[Jənu]
das Knie

le **pied**
[pje]
der Fuß

2 Präge dir die 5 Wörter kurz ein.

3 Verdecke die linke Seite, schreibe die Wörter auf und sprich sie laut aus.

der **Kopf** ....

das **Knie** ....

der **Fuß** ....

die **Brust** ....

der **Arm** ....

4 Geschafft? Abgehakt!

JOUR **4**

1 Lies das französische Wort laut vor und schreibe es auf.

le **serpent**
[särpaN]
die Schlange

l'**ours**
[urs]
der Bär

le **cheval**
[schəwal]
das Pferd

l'**oiseau**
[uazo]
der Vogel

l'**araignée**
[aränje]
die Spinne

2 Präge dir die 5 Wörter kurz ein.

3 Verdecke die linke Seite, schreibe die Wörter auf und sprich sie laut aus.

die **Schlange** ....

der **Bär** ....

das **Pferd** ....

der **Vogel** ....

die **Spinne** ....

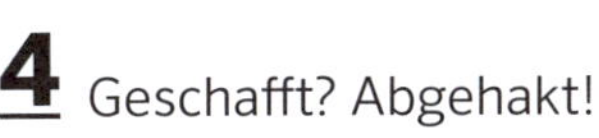

4 Geschafft? Abgehakt!

JOUR **5**

1 Lies das französische Wort laut vor und schreibe es auf.

le **printemps**
[präNtaN]
der Frühling

l'**été**
[ete]
der Sommer

l'**année**
[ane]
das Jahr

l'**automne**
[oton]
der Herbst

l'**hiver**
[iwär]
der Winter

2 Präge dir die 5 Wörter kurz ein.

3 Verdecke die linke Seite, schreibe die Wörter auf und sprich sie laut aus.

der **Frühling** ....

der **Sommer** ....

der **Herbst** ....

der **Winter** ....

das **Jahr** ....

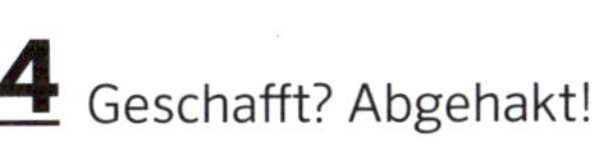

4 Geschafft? Abgehakt!

TESTE DICH!

Wie viele Wörter der letzten 5 Tage kannst du noch?

1 Verbinde jedes Bild mit dem richtigen Wort.

l'oiseau **la tête** **le beurre** **l'appareil auditif** **le serpent** **l'araignée** **le bras** **le nez**

le pain **la confiture** **le cheval** **le petit pain** **le pied** **l'ours** **le miel**

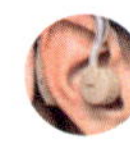

2 Suche im Wortgitter die französischen Wörter.

die **Brust**
der **Frühling**
gehörlos
der **Herbst**
das **Jahr**
das **Kinn**
das **Knie**
der **Sommer**
die **Stirn**
der **Winter**

A	P	P	E	H	J	M	G	F
N	K	O	T	I	O	A	E	R
N	S	I	F	V	D	U	N	O
É	O	T	M	E	N	T	O	N
E	U	R	É	R	A	O	U	T
P	R	I	N	T	E	M	P	S
L	D	N	S	Q	É	N	G	H
C	R	E	I	N	U	E	U	B

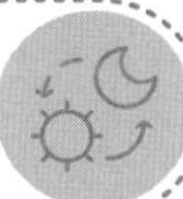

3 Verdecke die linke Seite und vervollständige dein Glossar.

der **Honig**	die **Marmelade** ....
das **Pferd**	.... l'**ours**
das **Jahr**	.... l'**été**
.... le **genou**	die **Nase** ....
.... le **front**	der **Herbst** ....
das **Hörgerät**	die **Schlange** ....
.... le **bras**	.... le **pain**
der **Frühling**	.... la **poitrine**
.... le **menton**	der **Vogel** ....
der **Kopf**	.... l'**araignée**
der **Winter**	.... **sourd**
der **Fuß**	das **Brötchen** ....
die **Butter**	

Geschafft? Abgehakt!

JOUR 1

1 Lies das französische Wort laut vor und schreibe es auf.

le, la **médecin**
[medsäN]
der Arzt, die Ärztin

le **patient,** la **patiente**
[pasjaN, pasjaNt]
der Patient, die Patientin

le **rendez-vous**
[raNdewu]
der Termin

la **vaccination**
[waksinasjoN]
die Impfung

enceinte
[aNsäNt]
schwanger

2 Präge dir die 5 Wörter kurz ein.

3 Verdecke die linke Seite, schreibe die Wörter auf und sprich sie laut aus.

der **Arzt,** die **Ärztin** ....

schwanger ....

die **Impfung** ....

der **Patient,** die **Patientin** ....

der **Termin** ....

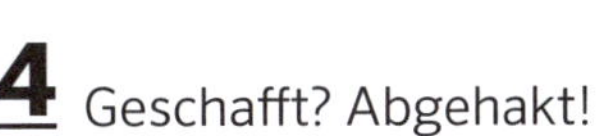

4 Geschafft? Abgehakt!

JOUR 2

1 Lies das französische Wort laut vor und schreibe es auf.

la **poubelle**
[pubäl]
der Mülleimer

repasser
[rəpase]
bügeln

passer l'aspirateur
[pase laspiratər]
Staub saugen

nettoyer
[nätuaje]
putzen

la **pause**
[poz]
die Pause

2 Präge dir die 5 Wörter kurz ein.

3 Verdecke die linke Seite, schreibe die Wörter auf und sprich sie laut aus.

der **Mülleimer** ....

bügeln ....

putzen ....

Staub saugen ....

die **Pause** ....

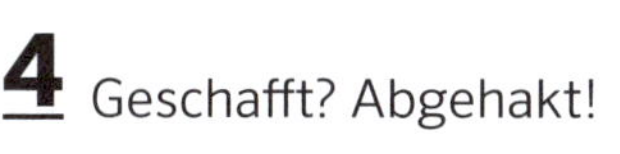

4 Geschafft? Abgehakt!

JOUR **3**

1 Lies das französische Wort laut vor und schreibe es auf.

le **fleuve**
[fləw]
der Fluss

le **parc**
[park]
der Park

l'**université**
[üniwärsite]
die Universität

l'**école**
[ekol]
die Schule

l'**école maternelle**
[ekol matärnäl]
der Kindergarten

2 Präge dir die 5 Wörter kurz ein.

3 Verdecke die linke Seite, schreibe die Wörter auf und sprich sie laut aus.

der **Fluss** ....

der **Park** ....

die **Universität** ....

die **Schule** ....

der **Kindergarten** ....

4 Geschafft? Abgehakt!

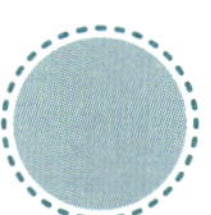

JOUR 4

1 Lies das französische Wort laut vor und schreibe es auf.

le **garçon**
[garsoN]
der Junge

la **sœur**
[sər]
die Schwester

la **fille**
[fij]
das Mädchen

le **frère**
[frär]
der Bruder

les **frères et sœurs**
[frär e sər]
die Geschwister

2 Präge dir die 5 Wörter kurz ein.

3 Verdecke die linke Seite, schreibe die Wörter auf und sprich sie laut aus.

die **Schwester** ....

der **Bruder** ....

der **Junge** ....

das **Mädchen** ....

die **Geschwister** ....

4 Geschafft? Abgehakt!

JOUR **5**

1 Lies das französische Wort laut vor und schreibe es auf.

le **ballon**
[baloN]
der Ball

---

le **football**
[futbol]
der Fußball

courir
[kurir]
laufen

---

le **but**
[büt]
das Tor

---

sauter
[sote]
springen

2 Präge dir die 5 Wörter kurz ein.

3 Verdecke die linke Seite, schreibe die Wörter auf und sprich sie laut aus.

laufen ....

springen ....

der **Ball** ....

der **Fußball** ....

das **Tor** ....

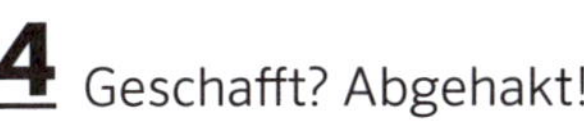

4 Geschafft? Abgehakt!

TESTE DICH ! Wie viele Wörter der letzten 5 Tage kannst du noch?

1 Verbinde jedes Bild mit dem richtigen Wort.

la poubelle **la pause** **l'école maternelle** **la sœur** **la vaccination** **l'école** **le parc** **nettoyer**

le, la médecin **l'université** **le frère** **passer l'aspirateur** **le fleuve** **le ballon** **repasser**

2 Suche im Wortgitter die französischen Wörter.

der **Fußball**
die **Geschwister**
der **Junge**
laufen
das **Mädchen**
der **Patient**
schwanger
springen
der **Termin**
das **Tor**

F	E	E	C	O	B	P	F	F	N	P
R	E	N	D	E	Z	V	O	U	S	A
È	S	C	G	C	I	R	O	S	A	T
R	O	E	A	O	B	U	T	D	U	I
E	E	I	R	U	T	L	B	E	T	E
S	U	N	Ç	R	A	I	A	H	E	N
E	R	T	O	I	K	G	L	M	R	T
T	S	E	N	R	F	I	L	L	E	J

3 Verdecke die linke Seite und vervollständige dein Glossar.

________ le, la **médecin**	die **Pause** ________
putzen ________	der **Bruder** ________
der **Junge** ________	**springen** ________
________ le **but**	________ **enceinte**
der **Park** ________	der **Ball** ________
der/die **Patient/-in** ________	________ la **sœur**
der **Kindergarten** ________	________ **passer l'aspirateur**
________ **courir**	die **Schule** ________
die **Impfung** ________	________ la **fille**
________ le **fleuve**	die **Geschwister** ________
der **Fußball** ________	der **Termin** ________
die **Universität** ________	________ **repasser**
________ la **poubelle**	Geschafft? Abgehakt!

JOUR 1

1 Lies das französische Wort laut vor und schreibe es auf.

le **comprimé**
[koNprime]
die Tablette

la **trousse de premiers secours**
[trus də prəmje səkur]
der Erste-Hilfe-Kasten

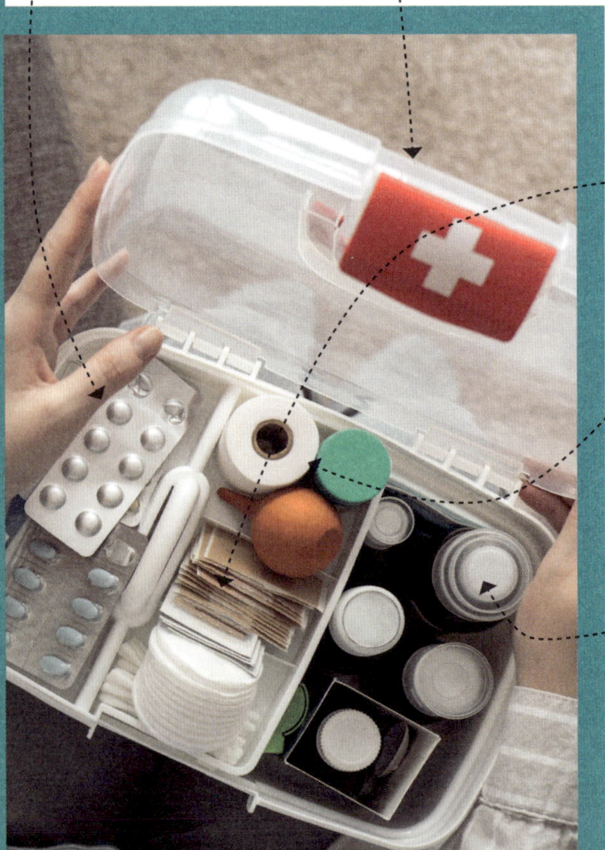

le **pansement**
[paNsmaN]
das Pflaster

le **bandage**
[baNdaJ]
die Bandage

le **médicament**
[medikamaN]
das Medikament

2 Präge dir die 5 Wörter kurz ein.

3 Verdecke die linke Seite, schreibe die Wörter auf und sprich sie laut aus.

die **Tablette** ....

das **Medikament** ....

der **Erste-Hilfe-Kasten** ....

das **Pflaster** ....

die **Bandage** ....

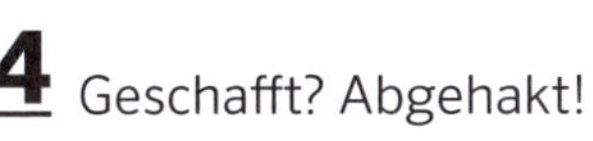

4 Geschafft? Abgehakt!

JOUR 2

1 Lies das französische Wort laut vor und schreibe es auf.

bon marché
[boN marsche]
billig

cher
[schär]
teuer

le **restaurant**
[rästoraN]
das Restaurant

interdit
[äNtärdi]
verboten

fumer
[füme]
rauchen

2 Präge dir die 5 Wörter kurz ein.

3 Verdecke die linke Seite, schreibe die Wörter auf und sprich sie laut aus.

billig ....

teuer ....

das **Restaurant** ....

verboten ....

rauchen ....

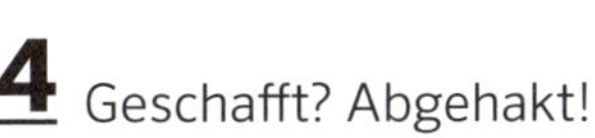

JOUR **3**

1 Lies das französische Wort laut vor und schreibe es auf.

l'**écran**
[ekraN]
der Bildschirm

----

le **casque**
[kask]
der Kopfhörer

le **portable**
[portabl]
das Handy

----

la **souris**
[suri]
die Maus

----

le **clavier**
[klawje]
die Tastatur

2 Präge dir die 5 Wörter kurz ein.

3 Verdecke die linke Seite, schreibe die Wörter auf und sprich sie laut aus.

der **Bildschirm** ....

der **Kopfhörer** ....

die **Maus** ....

die **Tastatur** ....

das **Handy** ....

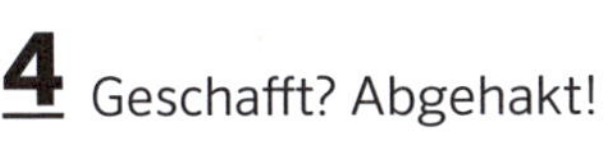

4 Geschafft? Abgehakt!

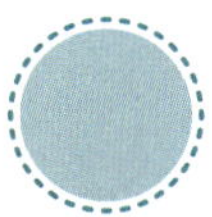

JOUR **4**

1 Lies das französische Wort laut vor und schreibe es auf.

les **haricots**
[ariko]
die Bohnen

les **lentilles**
[laNtij]
die Linsen

les **fruits secs**
[früi säk]
die Nüsse

la **farine**
[farin]
das Mehl

le **sucre**
[sükr]
der Zucker

2 Präge dir die 5 Wörter kurz ein.

3 Verdecke die linke Seite, schreibe die Wörter auf und sprich sie laut aus.

die **Bohnen** ....

die **Linsen** ....

die **Nüsse** ....

das **Mehl** ....

der **Zucker** ....

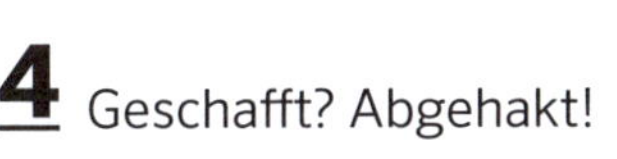

4 Geschafft? Abgehakt!

JOUR 5

1 Lies das französische Wort laut vor und schreibe es auf.

le **train**
[träN]
der Zug

l'**horloge**
[orloJ]
die Uhr

le **tunnel**
[tünäl]
der Tunnel

le **quai**
[kä]
der Bahnsteig

l'**escalator**
[äskalator]
die Rolltreppe

2 Präge dir die 5 Wörter kurz ein.

3 Verdecke die linke Seite, schreibe die Wörter auf und sprich sie laut aus.

die **Uhr** ....

der **Tunnel** ....

der **Zug** ....

der **Bahnsteig** ....

die **Rolltreppe** ....

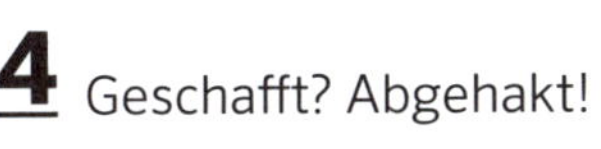

4 Geschafft? Abgehakt!

TESTE DICH ! Wie viele Wörter der letzten 5 Tage kannst du noch?

1 Verbinde jedes Bild mit dem richtigen Wort.

le restaurant **les lentilles** **fumer** **la farine** **le sucre** **la souris** **interdit** **le clavier**

le comprimé **cher** **le bandage** **les fruits secs** **l'horloge** **bon marché** **les haricots**

2 Suche im Wortgitter die französischen Wörter.

der **Bahnsteig**
der **Bildschirm**
das **Handy**
der **Kopfhörer**
das **Medikament**
das **Pflaster**
die **Rolltreppe**
der **Tunnel**
der **Zug**

P	A	N	S	E	M	E	N	T	G
T	O	C	A	S	Q	U	E	M	N
Q	S	R	E	T	I	O	A	X	É
U	J	R	T	B	R	F	V	H	C
A	E	S	C	A	L	A	T	O	R
I	U	C	Q	U	B	P	I	L	A
D	T	U	N	N	E	L	K	N	N
M	É	D	I	C	A	M	E	N	T

3 Verdecke die linke Seite und vervollständige dein Glossar.

das **Restaurant**	.... **fumer**
.... les **fruits secs**	die **Linsen** ....
die **Rolltreppe**	der **Tunnel** ....
.... le **casque**	das **Medikament** ....
.... le **comprimé**	der **Zug** ....
.... le **pansement**	.... les **haricots**
das **Handy**	.... **interdit**
die **Uhr**	die **Tastatur** ....
der **Erste-Hilfe-Kasten**	.... la **farine**
.... l'**écran**	der **Zucker** ....
der **Bahnsteig**	die **Bandage** ....
die **Maus**	**teuer** ....
billig	

Geschafft? Abgehakt!

JOUR 1

1 Lies das französische Wort laut vor und schreibe es auf.

recevoir
[rəsəwuar]
bekommen

le **cadeau**
[kado]
das Geschenk

donner
[done]
geben

l'**ami,** l'**amie**
[ami, ami]
der Freund, die Freundin

le **fauteuil roulant**
[fotəj rulaN]
der Rollstuhl

2 Präge dir die 5 Wörter kurz ein.

3 Verdecke die linke Seite, schreibe die Wörter auf und sprich sie laut aus.

bekommen ....

geben ....

der **Freund,** die **Freundin** ....

das **Geschenk** ....

der **Rollstuhl** ....

4 Geschafft? Abgehakt!

JOUR 2

1 Lies das französische Wort laut vor und schreibe es auf.

la **nuit**
[nüi]
die Nacht

le **matin**
[matäN]
der Morgen

le **midi**
[midi]
der Mittag

l'**après-midi**
[aprämidi]
der Nachmittag

le **soir**
[suar]
der Abend

2 Präge dir die 5 Wörter kurz ein.

3 Verdecke die linke Seite, schreibe die Wörter auf und sprich sie laut aus.

die **Nacht** ....

der **Morgen** ....

der **Mittag** ....

der **Nachmittag** ....

der **Abend** ....

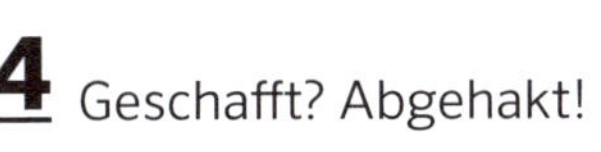

4 Geschafft? Abgehakt!

JOUR 3

1 Lies das französische Wort laut vor und schreibe es auf.

l'**oreiller**
[oräje]
das Kopfkissen

---

le **lit**
[li]
das Bett

le **tiroir**
[tiruar]
die Schublade

---

la **couette**
[kuät]
die Bettdecke

---

la **commode**
[komod]
die Kommode

2 Präge dir die 5 Wörter kurz ein.

3 Verdecke die linke Seite, schreibe die Wörter auf und sprich sie laut aus.

die **Schublade** ....

das **Bett** ....

das **Kopfkissen** ....

die **Bettdecke** ....

die **Kommode** ....

4 Geschafft? Abgehakt!

JOUR 4

1 Lies das französische Wort laut vor und schreibe es auf.

le **coude**
[kud]
der Ellbogen

---

l'**épaule**
[epol]
die Schulter

la **main**
[mäN]
die Hand

---

le **ventre**
[waNtr]
der Bauch

---

la **jambe**
[JaNb]
das Bein

2 Präge dir die 5 Wörter kurz ein.

3 Verdecke die linke Seite, schreibe die Wörter auf und sprich sie laut aus.

der **Bauch** ....

das **Bein** ....

die **Schulter** ....

der **Ellbogen** ....

die **Hand** ....

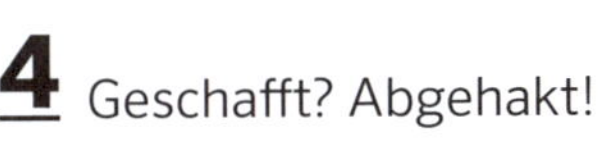

4 Geschafft? Abgehakt!

JOUR **5**

1 Lies das französische Wort laut vor und schreibe es auf.

fermer
[färme]
schließen

---

ouvrir
[uwrir]
öffnen

---

le **siège**
[sjäJ]
der Sitz

décoller
[dekole]
starten

---

atterrir
[atärir]
landen

2 Präge dir die 5 Wörter kurz ein.

3 Verdecke die linke Seite, schreibe die Wörter auf und sprich sie laut aus.

öffnen ....

schließen ....

der **Sitz** ....

starten ....

landen ....

4 Geschafft? Abgehakt!

TESTE DICH ! Wie viele Wörter der letzten 5 Tage kannst du noch?

1 Verbinde jedes Bild mit dem richtigen Wort.

la nuit **la commode** **le siège** **atterrir** **le matin** **la main** **décoller** **le soir**

l'après-midi **fermer** **ouvrir** **le cadeau** **le coude** **le midi** **l'oreiller**

2 Suche im Wortgitter die französischen Wörter.

der **Bauch**
das **Bein**
bekommen
das **Bett**
die **Bettdecke**
der **Freund**,
die **Freundin**
geben
der **Rollstuhl**
die **Schublade**
die **Schulter**

R	F	A	U	T	E	U	I	L
E	R	O	U	L	A	N	T	T
C	D	É	P	A	U	L	E	I
E	C	O	U	E	T	T	E	R
V	A	E	N	I	A	U	A	O
O	L	I	T	N	C	M	M	I
I	J	A	M	B	E	O	I	R
R	D	V	E	N	T	R	E	E

3 Verdecke die linke Seite und vervollständige dein Glossar.

der **Mittag**	der **Abend** ....
.... l'**épaule**	das **Bein** ....
.... **atterrir**	**schließen** ....
das **Bett**	.... **donner**
.... **recevoir**	der **Sitz** ....
das **Geschenk**	.... le **ventre**
die **Kommode**	der **Nachmittag** ....
öffnen	.... la **couette**
der/die **Freund/-in**	.... le **coude**
.... le **tiroir**	die **Hand** ....
.... **décoller**	.... le **fauteuil roulant**
.... l'**oreiller**	der **Morgen** ....
die **Nacht**	

Geschafft? Abgehakt!

JOUR 1

1 Lies das französische Wort laut vor und schreibe es auf.

dormir
[dormir]
schlafen

se **lever**
[sə lewe]
aufstehen

le **bureau**
[büro]
der Schreibtisch

travailler
[trawaje]
arbeiten

le **week-end**
[uikänd]
das Wochenende

2 Präge dir die 5 Wörter kurz ein.

3 Verdecke die linke Seite, schreibe die Wörter auf und sprich sie laut aus.

schlafen ....

aufstehen ....

der **Schreibtisch** ....

arbeiten ....

das **Wochenende** ....

4 Geschafft? Abgehakt!

JOUR **2**

1 Lies das französische Wort laut vor und schreibe es auf.

le **soleil**
[soläj]
die Sonne

la **lune**
[lün]
der Mond

l'**étoile**
[etual]
der Stern

tôt
[to]
früh

tard
[tar]
spät

2 Präge dir die 5 Wörter kurz ein.

3 Verdecke die linke Seite, schreibe die Wörter auf und sprich sie laut aus.

die **Sonne** ....

der **Mond** ....

der **Stern** ....

früh ....

spät ....

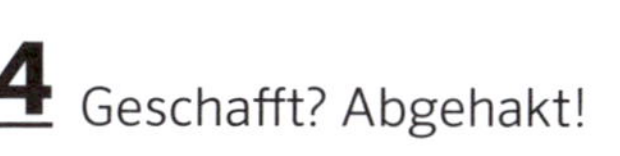

4 Geschafft? Abgehakt!

JOUR 3

1 Lies das französische Wort laut vor und schreibe es auf.

le **serveur,** la **serveuse**
[särwər, särwöz]
der Kellner, die Kellnerin

commander
[komaNde]
bestellen

la **bière**
[bjär]
das Bier

le **coca**
[koka]
die/das Cola

le **menu**
[mənü]
die Speisekarte

2 Präge dir die 5 Wörter kurz ein.

3 Verdecke die linke Seite, schreibe die Wörter auf und sprich sie laut aus.

die/das **Cola** ....

das **Bier** ....

bestellen ....

der **Kellner**, die **Kellnerin** ....

die **Speisekarte** ....

4 Geschafft? Abgehakt!

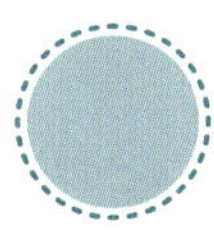

JOUR 4

1 Lies das französische Wort laut vor und schreibe es auf.

la **chemise**
[schəmiz]
das Hemd

----

le **pull**
[pül]
der Pullover

le **chapeau**
[schapo]
der Hut

----

la **canne**
[kan]
der Gehstock

----

la **chaussette**
[schosät]
die Socke

2 Präge dir die 5 Wörter kurz ein.

3 Verdecke die linke Seite, schreibe die Wörter auf und sprich sie laut aus.

der **Pullover** ....

das **Hemd** ....

der **Hut** ....

der **Gehstock** ....

die **Socke** ....

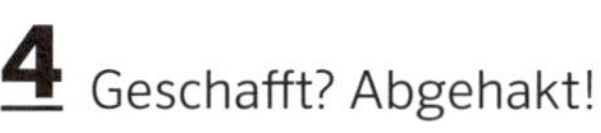

4 Geschafft? Abgehakt!

JOUR 5

1 Lies das französische Wort laut vor und schreibe es auf.

le **rond-point**
[roN puäN]
der Kreisverkehr

l'**autoroute**
[otorut]
die Autobahn

le **carrefour**
[karfur]
die Kreuzung

le **tramway**
[tramuä]
die Straßenbahn

le **métro**
[metro]
die U-Bahn

2 Präge dir die 5 Wörter kurz ein.

3 Verdecke die linke Seite, schreibe die Wörter auf und sprich sie laut aus.

der **Kreisverkehr** ....

die **Autobahn** ....

die **Kreuzung** ....

die **Straßenbahn** ....

die **U-Bahn** ....

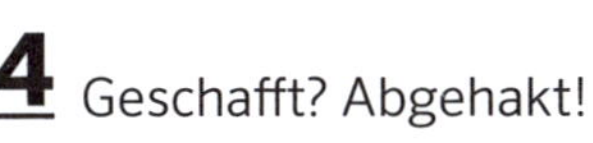

4 Geschafft? Abgehakt!

TESTE DICH! Wie viele Wörter der letzten 5 Tage kannst du noch?

1 Verbinde jedes Bild mit dem richtigen Wort.

travailler **se lever** **la lune** **le tramway** **tôt** **le métro** **dormir** **l'étoile**

le soleil **le carrefour** **l'autoroute** **le week-end** **le bureau** **tard** **le rond-point**

2 Suche im Wortgitter die französischen Wörter.

bestellen
das **Bier**
die/das **Cola**
der **Gehstock**
das **Hemd**
der **Hut**
der **Kellner**
der **Pullover**
die **Socke**
die **Speisekarte**

C	H	A	U	S	S	E	T	T	E
H	H	U	B	I	È	R	E	M	C
E	C	A	N	N	E	G	J	E	H
M	O	P	P	K	D	R	O	N	U
I	C	U	S	E	R	V	E	U	R
S	A	L	E	L	A	A	P	F	I
E	E	L	T	B	S	U	M	N	A
C	O	M	M	A	N	D	E	R	I

3 Verdecke die linke Seite und vervollständige dein Glossar.

____________ l'**étoile**	____________ **tard**
der **Hut** ____________	das **Hemd** ____________
die **U-Bahn** ____________	die **Autobahn** ____________
das **Bier** ____________	____________ se **lever**
____________ **dormir**	die **Kreuzung** ____________
arbeiten ____________	der **Pullover** ____________
die **Speisekarte** ____________	____________ **tôt**
____________ le **rond-point**	der/die **Kellner/-in** ____________
der **Schreibtisch** ____________	____________ la **canne**
die/das **Cola** ____________	____________ la **chaussette**
die **Straßenbahn** ____________	das **Wochenende** ____________
____________ **commander**	der **Mond** ____________
die **Sonne** ____________	Geschafft? Abgehakt!

JOUR 1

1 Lies das französische Wort laut vor und schreibe es auf.

la **viande**
[wjaNd]
das Fleisch

---

les **légumes**
[legüm]
das Gemüse

le **riz**
[ri]
der Reis

---

l'**assiette**
[asjät]
der Teller

---

la **sauce**
[sos]
die Soße

2 Präge dir die 5 Wörter kurz ein.

3 Verdecke die linke Seite, schreibe die Wörter auf und sprich sie laut aus.

das **Fleisch** ....

das **Gemüse** ....

der **Reis** ....

die **Soße** ....

der **Teller** ....

4 Geschafft? Abgehakt!

JOUR **2**

1 Lies das französische Wort laut vor und schreibe es auf.

les **toilettes**
[tualät]
die Toilette

le **papier toilette**
[papje tualät]
das Toilettenpapier

se **brosser les dents**
[sə brɔse lä daN]
Zähne putzen

prendre un bain
[praNdr äN bäN]
baden

prendre une douche
[praNdr ün dusch]
duschen

2 Präge dir die 5 Wörter kurz ein.

3 Verdecke die linke Seite, schreibe die Wörter auf und sprich sie laut aus.

die **Toilette** ....

das **Toilettenpapier** ....

Zähne putzen ....

baden ....

duschen ....

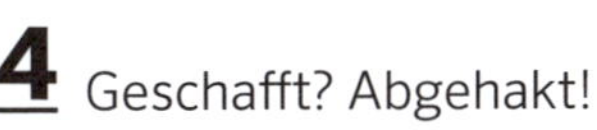

4 Geschafft? Abgehakt!

JOUR 3

1 Lies das französische Wort laut vor und schreibe es auf.

le **pantalon**
[paNtaloN]
die Hose

les **lunettes de soleil**
[lünät də soläj]
die Sonnenbrille

---

la **ceinture**
[säNtür]
der Gürtel

---

le **manteau**
[maNto]
der Mantel

---

le **gant**
[gaN]
der Handschuh

2 Präge dir die 5 Wörter kurz ein.

3 Verdecke die linke Seite, schreibe die Wörter auf und sprich sie laut aus.

die **Hose** ....

die **Sonnenbrille** ....

der **Gürtel** ....

der **Mantel** ....

der **Handschuh** ....

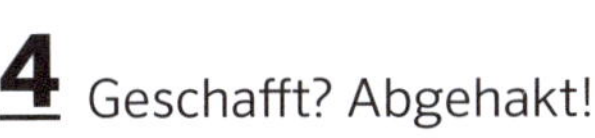

4 Geschafft? Abgehakt!

JOUR **4**

1 Lies das französische Wort laut vor und schreibe es auf.

le **passeport**
[paspor]
der Reisepass

l'**arrivée**
[ariwe]
die Ankunft

le **contrôle des passeports**
[koNtrol də paspor]
die Passkontrolle

le **contrôle de sécurité**
[koNtrol də sekürite]
die Sicherheitskontrolle

le **départ**
[depar]
der Abflug

2 Präge dir die 5 Wörter kurz ein.

3 Verdecke die linke Seite, schreibe die Wörter auf und sprich sie laut aus.

der **Reisepass**

die **Ankunft**

der **Abflug**

die **Passkontrolle**

die **Sicherheitskontrolle**

4 Geschafft? Abgehakt!

JOUR 5

1 Lies das französische Wort laut vor und schreibe es auf.

l'**embouteillage**
[aNbutäjaJ]
der Stau

le **feu**
[fö]
die Ampel

rouge
[ruJ]
rot

orange
[oraNJ]
gelb (Ampellicht)

vert
[wär]
grün

2 Präge dir die 5 Wörter kurz ein.

3 Verdecke die linke Seite, schreibe die Wörter auf und sprich sie laut aus.

die **Ampel** ....

rot ....

gelb ....

grün ....

der **Stau** ....

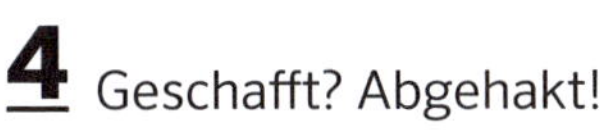

4 Geschafft? Abgehakt!

TESTE DICH! Wie viele Wörter der letzten 5 Tage kannst du noch?

1 Verbinde jedes Bild mit dem richtigen Wort.

le papier toilette | **prendre un bain** | **le contrôle des passeports** | **rouge** | **la ceinture** | **le riz** | **les toilettes** | **le passeport**

les légumes | **l'arrivée** | **se brosser les dents** | **les lunettes de soleil** | **le contrôle de sécurité** | **prendre une douche** | **le départ**

2 Suche im Wortgitter die französischen Wörter.

die **Ampel**
das **Fleisch**
gelb *(Ampellicht)*
grün
der **Handschuh**
die **Hose**
der **Mantel**
die **Soße**
der **Stau**
der **Teller**

G	S	E	P	U	A	O	F	E	U	S	L	F
V	A	K	A	O	S	S	P	H	N	M	B	O
I	M	R	N	T	S	D	A	I	V	A	T	R
A	V	G	T	C	I	E	L	U	I	N	J	A
N	D	U	A	J	E	P	A	F	C	T	K	N
D	R	G	L	N	T	H	B	A	M	E	U	G
E	M	B	O	U	T	E	I	L	L	A	G	E
S	B	I	N	V	E	R	T	E	O	U	N	C

3 Verdecke die linke Seite und vervollständige dein Glossar.

.... se **brosser les dents**	**duschen** ....
der **Abflug**	.... l'**arrivée**
.... l'**embouteillage**	**rot** ....
die **Sonnenbrille**	das **Gemüse** ....
.... la **viande**	**gelb** *(Ampellicht)* ....
die **Soße**	der **Reisepass** ....
.... le **gant**	.... **prendre un bain**
.... le **feu**	der **Mantel** ....
der **Reis**	die **Passkontrolle** ....
die **Hose**	.... le **contrôle de sécurité**
grün	.... l'**assiette**
.... la **ceinture**	das **Toilettenpapier** ....
die **Toilette**	

Geschafft? Abgehakt!

JOUR 1

1 Lies das französische Wort laut vor und schreibe es auf.

les **fraises**
[frez]
die Erdbeeren

la **pomme**
[pom]
der Apfel

la **banane**
[banan]
die Banane

le **melon**
[mloN]
die Melone

l'**orange**
[oraNj]
die Orange

2 Präge dir die 5 Wörter kurz ein.

3 Verdecke die linke Seite, schreibe die Wörter auf und sprich sie laut aus.

die **Erdbeeren** ....

der **Apfel** ....

die **Banane** ....

die **Melone** ....

die **Orange** ....

4 Geschafft? Abgehakt!

JOUR 2

1 Lies das französische Wort laut vor und schreibe es auf.

être en fauteuil roulant
[ätr aN fotəj rulaN]
Rollstuhl fahren

----

aller
[ale]
gehen

être assis
[ätr asi]
sitzen

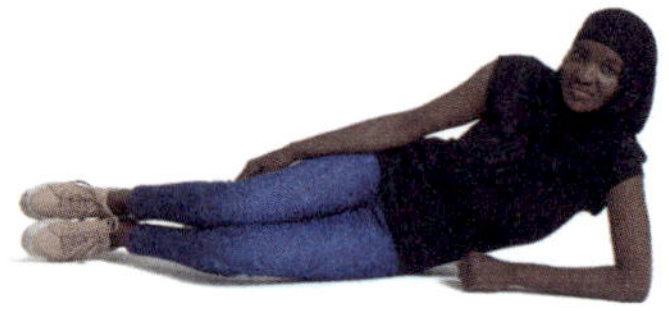

être couché
[ätr kusche]
liegen

être debout
[ätr dəbu]
stehen

2 Präge dir die 5 Wörter kurz ein.

3 Verdecke die linke Seite, schreibe die Wörter auf und sprich sie laut aus.

gehen ....

Rollstuhl fahren ....

sitzen ....

liegen ....

stehen ....

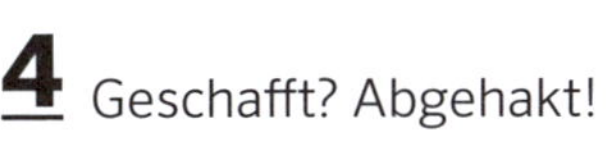

4 Geschafft? Abgehakt!

JOUR 3

1 Lies das französische Wort laut vor und schreibe es auf.

la **baignoire**
[bänjuar]
die Badewanne

---

le **shampooing**
[schaNpuäN]
das Shampoo

la **douche**
[dusch]
die Dusche

---

le **miroir**
[miruar]
der Spiegel

---

la **serviette**
[särwjät]
das Handtuch

2 Präge dir die 5 Wörter kurz ein.

3 Verdecke die linke Seite, schreibe die Wörter auf und sprich sie laut aus.

das **Shampoo** ....

der **Spiegel** ....

die **Badewanne** ....

das **Handtuch** ....

die **Dusche** ....

4 Geschafft? Abgehakt!

JOUR 4

1 Lies das französische Wort laut vor und schreibe es auf.

paresseux
[paräsö]
faul

rapide
[rapid]
schnell

lent
[laN]
langsam

dur
[dür]
hart

doux
[du]
weich

2 Präge dir die 5 Wörter kurz ein.

3 Verdecke die linke Seite, schreibe die Wörter auf und sprich sie laut aus.

faul ....

schnell ....

langsam ....

hart ....

weich ....

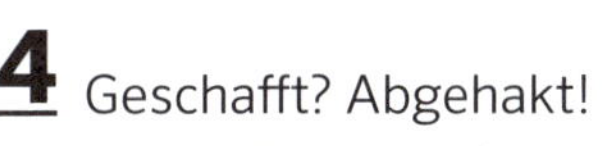

JOUR **5**

1 Lies das französische Wort laut vor und schreibe es auf.

boire
[buar]
trinken

les **fruits**
[früi]
das Obst

le **raisin**
[räzäN]
die Weintraube

le **jus**
[Jü]
der Saft

le **vin**
[wäN]
der Wein

2 Präge dir die 5 Wörter kurz ein.

3 Verdecke die linke Seite, schreibe die Wörter auf und sprich sie laut aus.

trinken ....

das **Obst** ....

die **Weintraube** ....

der **Saft** ....

der **Wein** ....

4 Geschafft? Abgehakt!

TESTE DICH!

Wie viele Wörter der letzten 5 Tage kannst du noch?

1 Verbinde jedes Bild mit dem richtigen Wort.

boire **les fruits** **le vin** **aller** **rapide** **être couché** **être en fauteuil roulant** **doux**

paresseux **être assis** **être debout** **le jus** **le raisin** **dur** **lent**

2 Suche im Wortgitter die französischen Wörter.

der **Apfel**
die **Badewanne**
die **Banane**
die **Erdbeeren**
die **Dusche**
das **Handtuch**
die **Melone**
die **Orange**
das **Shampoo**
der **Spiegel**

N	B	I	A	P	D	C	T	P	H	F
S	H	A	M	P	O	O	I	N	G	R
A	R	E	N	F	O	M	U	D	E	A
S	G	M	C	A	V	R	M	C	L	I
O	M	E	L	O	N	B	A	E	H	S
M	I	R	O	I	R	E	U	N	B	E
B	A	I	G	N	O	I	R	E	G	S
D	S	E	R	V	I	E	T	T	E	E

3 Verdecke die linke Seite und vervollständige dein Glossar.

______________ **être assis**	______________ **être debout**
______________ **lent**	**schnell** ______________
der **Wein** ______________	das **Obst** ______________
der **Spiegel** ______________	der **Apfel** ______________
______________ les **fraises**	die **Weintraube** ______________
______________ le **melon**	______________ **paresseux**
die **Dusche** ______________	**liegen** ______________
______________ **boire**	das **Handtuch** ______________
die **Banane** ______________	**hart** ______________
das **Shampoo** ______________	______________ **doux**
der **Saft** ______________	die **Orange** ______________
die **Badewanne** ______________	**Rollstuhl fahren** ______________
______________ **aller**	Geschafft? Abgehakt!

JOUR 1

1 Lies das französische Wort laut vor und schreibe es auf.

la **planche à repasser**
[plaNsch a rəpase]
das Bügelbrett

---

le **fer à repasser**
[fär a rəpase]
das Bügeleisen

la **machine à laver**
[maschin a lawe]
die Waschmaschine

---

le **seau**
[so]
der Eimer

---

l'**aspirateur**
[aspiratər]
der Staubsauger

2 Präge dir die 5 Wörter kurz ein.

3 Verdecke die linke Seite, schreibe die Wörter auf und sprich sie laut aus.

der **Eimer** ....

die **Waschmaschine** ....

das **Bügeleisen** ....

das **Bügelbrett** ....

der **Staubsauger** ....

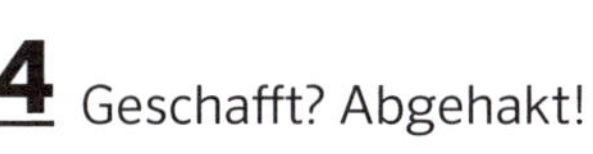

4 Geschafft? Abgehakt!

JOUR **2**

1 Lies das französische Wort laut vor und schreibe es auf.

chaud
[scho]
heiß

froid
[frua]
kalt

l'**orage**
[oraJ]
das Gewitter

l'**arc-en-ciel**
[ark aN själ]
der Regenbogen

le **gel**
[Jel]
das Eis

2 Präge dir die 5 Wörter kurz ein.

3 Verdecke die linke Seite, schreibe die Wörter auf und sprich sie laut aus.

heiß ....

kalt ....

das **Gewitter** ....

der **Regenbogen** ....

das **Eis** ....

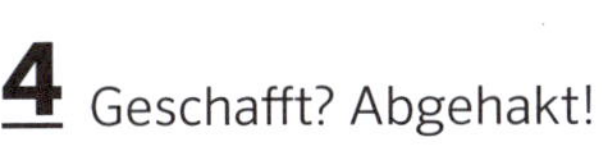

4 Geschafft? Abgehakt!

JOUR 3

1 Lies das französische Wort laut vor und schreibe es auf.

la **ville**
[wil]
die Stadt

---

le **pont**
[poN]
die Brücke

le **trottoir**
[trotuar]
der Gehweg

---

le **piéton, la piétonne**
[pjetoN, pjeton]
der Fußgänger, die Fußgängerin

---

la **rue**
[rü]
die Straße

2 Präge dir die 5 Wörter kurz ein.

3 Verdecke die linke Seite, schreibe die Wörter auf und sprich sie laut aus.

die **Stadt** ....

die **Brücke** ....

der **Gehweg** ....

die **Straße** ....

der/die **Fußgänger/-in** ....

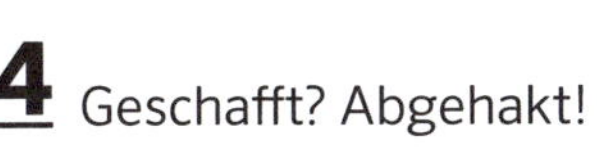

4 Geschafft? Abgehakt!

JOUR 4

1 Lies das französische Wort laut vor und schreibe es auf.

le **citron**
[sitroN]
die Zitrone

la **bouteille**
[butäj]
die Flasche

l'**eau**
[o]
das Wasser

la **boisson**
[buasoN]
das Getränk

le **verre**
[wär]
das Glas

2 Präge dir die 5 Wörter kurz ein.

3 Verdecke die linke Seite, schreibe die Wörter auf und sprich sie laut aus.

die **Zitrone** ....

das **Wasser** ....

das **Glas** ....

das **Getränk** ....

die **Flasche** ....

4 Geschafft? Abgehakt!

JOUR 5

1 Lies das französische Wort laut vor und schreibe es auf.

l'**arrêt de bus**
[arä də büs]
die Bushaltestelle

l'**horaire**
[orär]
der Fahrplan

le **ticket**
[tikä]
die Fahrkarte

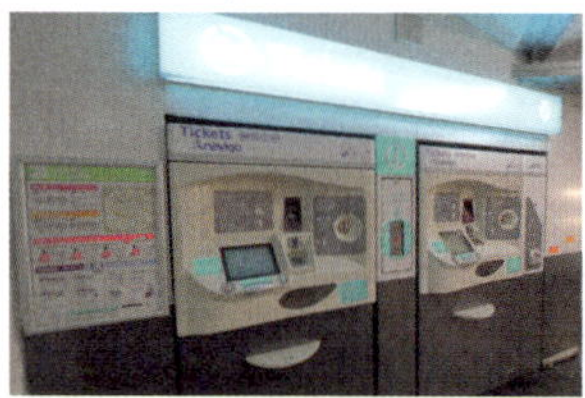

le **distributeur de tickets**
[distribütər də tikä]
der Fahrkartenautomat

la **gare**
[gar]
der Bahnhof

2 Präge dir die 5 Wörter kurz ein.

3 Verdecke die linke Seite, schreibe die Wörter auf und sprich sie laut aus.

die **Bushaltestelle** ....

der **Fahrplan** ....

die **Fahrkarte** ....

der **Fahrkartenautomat** ....

der **Bahnhof** ....

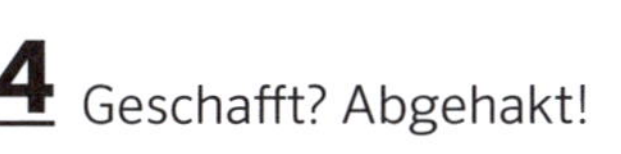

4 Geschafft? Abgehakt!

TESTE DICH! Wie viele Wörter der letzten 5 Tage kannst du noch?

1 Verbinde jedes Bild mit dem richtigen Wort.

la rue **chaud** **le distributeur de tickets** **l'aspirateur** **le piéton, la piétonne** **le ticket** **la gare**

l'horaire **le gel** **froid** **l'arc-en-ciel** **la machine à laver** **l'orage** **l'arrêt de bus** **le citron**

2 Suche im Wortgitter die französischen Wörter.

die **Brücke**
das **Bügeleisen**
der **Eimer**
die **Flasche**
der **Gehweg**
das **Getränk**
das **Glas**
die **Stadt**
das **Wasser**

S	E	B	I	L	X	V	R	U	O	C	T
J	E	B	O	U	T	E	I	L	L	E	R
N	S	A	O	I	D	B	T	L	P	E	O
E	V	D	U	V	S	F	H	K	L	U	T
A	W	E	M	A	L	S	E	C	O	E	T
U	F	R	R	P	G	P	O	N	T	S	O
I	B	N	I	R	A	T	M	N	H	A	I
F	E	R	À	R	E	P	A	S	S	E	R

3 Verdecke die linke Seite und vervollständige dein Glossar.

.... l'**orage**	.... le **gel**
das **Glas**	das **Wasser** ....
der **Bahnhof**	.... l'**horaire**
die **Brücke**	die **Waschmaschine** ....
.... le **seau**	die **Fahrkarte** ....
das **Bügelbrett**	die **Zitrone** ....
.... le **piéton,** la **piétonne**	.... l'**arc-en-ciel**
die **Bushaltestelle**	die **Straße** ....
.... le **fer à repasser**	das **Getränk** ....
die **Stadt**	die **Flasche** ....
der **Fahrkartenautomat**	.... l'**aspirateur**
der **Gehweg**	**kalt** ....
heiß	

Geschafft? Abgehakt!

JOUR 1

1 Lies das französische Wort laut vor und schreibe es auf.

cuire au four
[küir o four]
backen

éplucher
[eplüsche]
schälen

couper
[kupe]
schneiden

cuisiner
[küizine]
kochen

faire frire
[fär frir]
braten

2 Präge dir die 5 Wörter kurz ein.

3 Verdecke die linke Seite, schreibe die Wörter auf und sprich sie laut aus.

backen ....

schälen ....

schneiden ....

kochen ....

braten ....

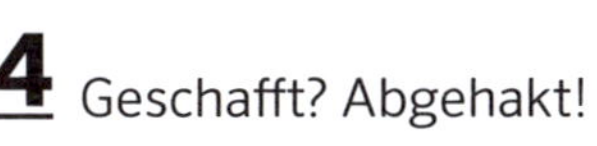

4 Geschafft? Abgehakt!

JOUR 2

1 Lies das französische Wort laut vor und schreibe es auf.

prendre
[praNdr]
nehmen

porter
[porte]
tragen

parler
[parle]
sprechen

écouter
[ekute]
hören

voir
[wuar]
sehen

2 Präge dir die 5 Wörter kurz ein.

3 Verdecke die linke Seite, schreibe die Wörter auf und sprich sie laut aus.

nehmen ....

tragen ....

sprechen ....

hören ....

sehen ....

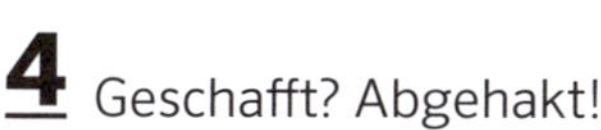

4 Geschafft? Abgehakt!

JOUR 3

1 Lies das französische Wort laut vor und schreibe es auf.

la **salle de bain**
[sal də bäN]
das Badezimmer

la **chambre**
[schaNbr]
das Schlafzimmer

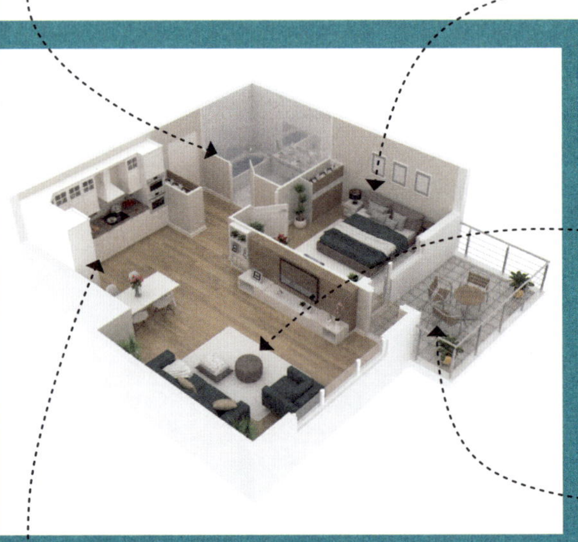

la **salle de séjour**
[sal də seJur]
das Wohnzimmer

le **balcon**
[balkoN]
der Balkon

la **cuisine**
[küizin]
die Küche

2 Präge dir die 5 Wörter kurz ein.

3 Verdecke die linke Seite, schreibe die Wörter auf und sprich sie laut aus.

der **Balkon** ....

die **Küche** ....

das **Wohnzimmer** ....

das **Badezimmer** ....

das **Schlafzimmer** ....

4 Geschafft? Abgehakt!

JOUR 4

1 Lies das französische Wort laut vor und schreibe es auf.

enneigé
[aNnäJe]
verschneit

ensoleillé
[aNsoläje]
sonnig

nuageux
[nüaJö]
wolkig

brumeux
[brümö]
neblig

venteux
[waNtö]
windig

2 Präge dir die 5 Wörter kurz ein.

3 Verdecke die linke Seite, schreibe die Wörter auf und sprich sie laut aus.

verschneit ....

sonnig ....

wolkig ....

neblig ....

windig ....

4 Geschafft? Abgehakt!

JOUR 5

1 Lies das französische Wort laut vor und schreibe es auf.

le **lac**
[lak]
der See

la **forêt**
[forä]
der Wald

la **prairie**
[präri]
die Wiese

la **feuille**
[fəj]
das Blatt

l'**arbre**
[arbr]
der Baum

2 Präge dir die 5 Wörter kurz ein.

3 Verdecke die linke Seite, schreibe die Wörter auf und sprich sie laut aus.

der **See** ....

der **Wald** ....

die **Wiese** ....

das **Blatt** ....

der **Baum** ....

4 Geschafft? Abgehakt!

TESTE DICH ! Wie viele Wörter der letzten 5 Tage kannst du noch?

1 Verbinde jedes Bild mit dem richtigen Wort.

nuageux	**parler**	**couper**	**brumeux**	**voir**	**faire frire**	**cuire au four**	**porter**
ensoleillé	**venteux**	**éplucher**	**prendre**	**enneigé**	**cuisiner**	**écouter**	

2 Suche im Wortgitter die französischen Wörter.

der **Balkon**
das **Badezimmer**
der **Baum**
das **Blatt**
die **Küche**
das **Schlafzimmer**
der **See**
der **Wald**
die **Wiese**
das **Wohnzimmer**

S	A	L	L	E	D	E	E	F	P	C
S	É	J	O	U	R	S	C	O	R	U
K	B	A	L	C	O	N	H	R	A	I
P	F	D	O	A	R	C	A	Ê	I	S
A	M	E	B	L	C	H	M	T	R	I
S	A	L	L	E	D	E	B	A	I	N
U	T	I	X	A	R	B	R	E	E	E
J	F	E	U	I	L	L	E	N	O	G

3 Verdecke die linke Seite und vervollständige dein Glossar.

sprechen	**sehen** ....
.... **nuageux**	.... **ensoleillé**
der **Baum**	der **Wald** ....
die **Küche**	.... **éplucher**
.... **cuire au four**	die **Wiese** ....
kochen	.... **enneigé**
das **Schlafzimmer**	**hören** ....
der **See**	das **Badezimmer** ....
.... **couper**	.... **brumeux**
der **Balkon**	**windig** ....
.... la **feuille**	**braten** ....
das **Wohnzimmer**	**tragen** ....
nehmen	

Geschafft? Abgehakt!

JOUR 1

1 Lies das französische Wort laut vor und schreibe es auf.

le **petit-déjeuner**
[pətidəJöne]
das Frühstück

le **déjeuner**
[deJöne]
das Mittagessen

le **dîner**
[dine]
das Abendessen

la **collation**
[kolasjoN]
der Snack

Santé !
[saNte]
Prost!

2 Präge dir die 5 Wörter kurz ein.

3 Verdecke die linke Seite, schreibe die Wörter auf und sprich sie laut aus.

das **Frühstück** ....

das **Mittagessen** ....

das **Abendessen** ....

der **Snack** ....

Prost! ....

4 Geschafft? Abgehakt!

JOUR 2

1 Lies das französische Wort laut vor und schreibe es auf.

le **papier**
[papje]
das Papier

écrire
[ekrir]
schreiben

le **stylo**
[stilo]
der Stift

l'**ordinateur**
[ordinatər]
der Computer

les **lunettes**
[lünät]
die Brille

2 Präge dir die 5 Wörter kurz ein.

3 Verdecke die linke Seite, schreibe die Wörter auf und sprich sie laut aus.

das **Papier** ....

die **Brille** ....

schreiben ....

der **Stift** ....

der **Computer** ....

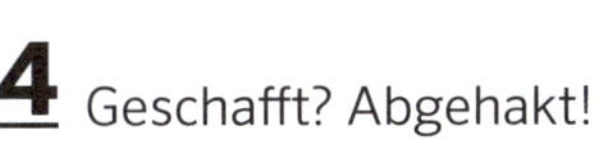

4 Geschafft? Abgehakt!

JOUR **3**

1 Lies das französische Wort laut vor und schreibe es auf.

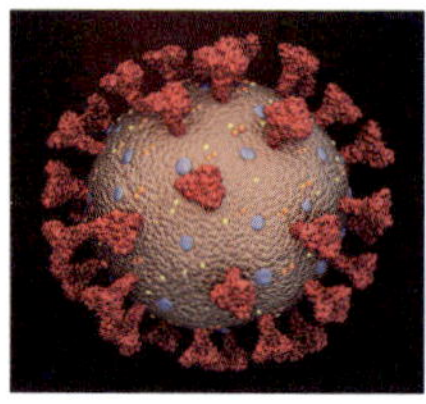

le **virus**
[wirüs]
das/der Virus

en bonne santé
[aN bon saNte]
gesund

malade
[malad]
krank

le **masque**
[mask]
der Mundschutz

la **pandémie**
[paNdemi]
die Pandemie

2 Präge dir die 5 Wörter kurz ein.

3 Verdecke die linke Seite, schreibe die Wörter auf und sprich sie laut aus.

das/der **Virus** ....

krank ....

gesund ....

der **Mundschutz** ....

die **Pandemie** ....

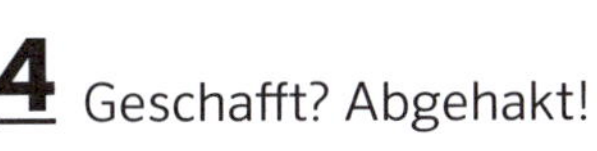

JOUR 4

1 Lies das französische Wort laut vor und schreibe es auf.

chanter
[schaNte]
singen

danser
[daNse]
tanzen

fort
[for]
laut

bas
[ba]
leise

la **musique**
[müzik]
die Musik

2 Präge dir die 5 Wörter kurz ein.

3 Verdecke die linke Seite, schreibe die Wörter auf und sprich sie laut aus.

singen ....

tanzen ....

laut ....

leise ....

die **Musik** ....

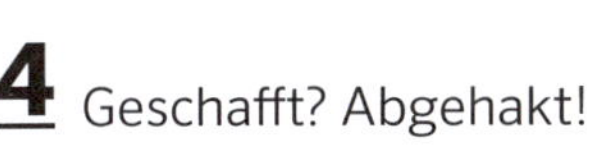
4 Geschafft? Abgehakt!

JOUR **5**

1 Lies das französische Wort laut vor und schreibe es auf.

la **fenêtre**
[fənätr]
das Fenster

---

la **lampe**
[laNp]
die Lampe

---

le **fauteuil**
[fotəj]
der Sessel

---

le **canapé**
[kanape]
das Sofa

---

le **tapis**
[tapi]
der Teppich

2 Präge dir die 5 Wörter kurz ein.

3 Verdecke die linke Seite, schreibe die Wörter auf und sprich sie laut aus.

das **Fenster** ....

der **Sessel** ....

das **Sofa** ....

die **Lampe** ....

der **Teppich** ....

4 Geschafft? Abgehakt!

TESTE DICH! Wie viele Wörter der letzten 5 Tage kannst du noch?

1 Verbinde jedes Bild mit dem richtigen Wort.

la pandémie **Santé !** **malade** **le virus** **chanter** **le déjeuner** **bas** **fort**

la collation **le masque** **le petit-déjeuner** **danser** **en bonne santé** **la musique** **le dîner**

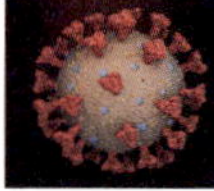

2 Suche im Wortgitter die französischen Wörter.

die **Brille**
der **Computer**
das **Fenster**
die **Lampe**
das **Papier**
schreiben
der **Sessel**
das **Sofa**
der **Stift**
der **Teppich**

T	A	P	I	S	F	H	F	L	O
O	R	D	I	N	A	T	E	U	R
É	C	S	A	N	U	G	N	N	P
C	A	T	L	B	T	M	Ê	E	A
R	N	Y	A	K	E	F	T	T	P
I	A	L	M	P	U	L	R	T	I
R	P	O	P	J	I	I	E	E	E
E	É	D	E	C	L	S	E	S	R

3 Verdecke die linke Seite und vervollständige dein Glossar.

______ **écrire**	der **Computer** ______
______ **fort**	**tanzen** ______
der **Teppich** ______	______ le **fauteuil**
krank ______	______ le **déjeuner**
das **Frühstück** ______	das **Sofa** ______
______ la **collation**	**singen** ______
die **Pandemie** ______	______ le **stylo**
______ la **fenêtre**	der **Mundschutz** ______
das **Abendessen** ______	______ **bas**
das/der **Virus** ______	die **Musik** ______
die **Lampe** ______	**Prost!** ______
______ **en bonne santé**	die **Brille** ______
das **Papier** ______	

Geschafft? Abgehakt!

Alphabetische Wortliste Französisch – Deutsch

Hier findest du alle französischen Wörter mit deutscher Übersetzung, die du in diesem Buch lernen kannst.

A

à l'heure *pünktlich* 22
adresse, l' *Adresse, die* 32
aéroport, l' *Flughafen, der* 82
ail, l' *Knoblauch, der* 96
aller *gehen* 198
ami, amie, l' *Freund, Freundin, der, die* 160
âne, l' *Esel, der* 36
animal, l' *Tier, das* 48
animal de compagnie, l' *Haustier, das* 48
année, l' *Jahr, das* 132
appareil auditif, l' *Hörgerät, das* 124
appeler quelqu'un *jemanden anrufen* 46
après-midi, l' *Nachmittag, der* 162
araignée, l' *Spinne, die* 130
arbre, l' *Baum, der* 228
arc-en-ciel, l' *Regenbogen, der* 210
argent, l' *Geld, das* 112
arrêt de bus, l' *Bushaltestelle, die* 216
arrivée, l' *Ankunft, die* 190
aspirateur, l' *Staubsauger, der* 208
assiette, l' *Teller, der* 184
attendre *warten* 82
atterrir *landen* 168
Au revoir ! *Tschüss!* 116
aujourd'hui *heute* 66
automne, l' *Herbst, der* 132
autoroute, l' *Autobahn, die* 180
avion, l' *Flugzeug, das* 82
avoir bon goût *schmecken* 80

B

fraises, les *Erdbeeren, die* 196
baignoire, la *Badewanne, die* 200
balcon, le *Balkon, der* 224
ballon, le *Ball, der* 144
banane, la *Banane, die* 196
bandage, le *Bandage, die* 148
banque, la *Bank, die* 112
bas *leise* 238
basket-ball, le *Basketball, der* 30
batterie, la *Akku, der* 46
beau *schön* 88
bébé, le *Baby, das* 56
beurre, le *Butter, die* 126
bibliothèque, la *Bibliothek, die* 6
bien *gut* 10
bière, la *Bier, das* 176
biscuit, le *Keks, der* 70

C

F

P

Bildnachweis

©123RF
Bildreihenfolge von rechts oben bis links unten

4 Katarzyna Białasiewicz; **6** (a) Quanxiong ZENG, (b) degimages, (c) Matej Kastelic, (d) milkos, (e) Mark Bowden; **8** conssuella; **10** (a) Martti Tapio Salmela, (b) Alexander Lysenko, (c) Gratsias Adhi Hermawan, (d) Nataliya Popova, (e) Nataliya Popova **12** Katarzyna Białasiewicz **14** (a) Quanxiong ZENG, (b) Martti Tapio Salmela, (c) Katarzyna Białasiewicz, (d) Nataliya Popova, (e) milkos, (f) Gratsias Adhi Hermawan, (g) degimages, (h) conssuella, (i) Katarzyna Białasiewicz, (j) Matej Kastelic, (k) Alexander Lysenko, (l) Mark Bowden, (m) Katarzyna Białasiewicz, (n) Katarzyna Białasiewicz, (o) Nataliya Popova; **16** (a) gelpi, (b) ljupco, (c) serezniy, (d) ferli, (e) Irina Zharkova; **18** valentinka2021; **20** (a) kenishirotie, (b) Keattikorn Samarnggoon, (c) Pavel Stasevich, (d) akarasirithada, (e) olenago; **22** macrovector; **24** (a) Robyn Mackenzie, (b) katerynabibro, (c) movingmoment, (d) serezniy, (e) Dusan Zidar; **26** (a) olenago, (b) Irina Zharkova, (c) gelpi, (d) Pavel Stasevich, (e) movingmoment, (f) Dusan Zidar, (g) serezniy, (h) ferli, (i) katerynabibro, (j) kenishirotie, (k) Keattikorn Samarnggoon, (l) Robyn Mackenzie, (m) akarasirithada, (n) ljupco, (o) serezniy; **28** nuchao; **30** (a) ammentorp, (b) Ievgen Onyshchenko, (c) Tomas Marek, (d) Sviatlana Yankouskaya, (e) Wavebreak Media Ltd; **32** (a) paolo77, (b) Karin Hildebrand Lau, (c) aldorado10, (d) Cucu Giorgiana Andreea, (e) neirfy; **34** Daria Kolosova; **36** Isselee Eric Philippe; **38** (a) Tomas Marek, (b) Wavebreak Media Ltd, (c) aldorado10, (d) Daria Kolosova, (e) ammentorp, (f) nuchao, (g) Karin Hildebrand Lau, (h) Daria Kolosova, (i) Isselee Eric Philippe, (j) Sviatlana Yankouskaya, (k) Ievgen Onyshchenko, (l) neirfy, (m) Isselee Eric Philippe, (n) paolo77, (o) Cucu Giorgiana Andreea; **40** milkos; **42** (a) Jozef Polc, (b) bilanol, (c) stokkete, (d) ammentorp, (e) Angelo Cordeschi; **44** Petr Goskov; **46** (a) gioiak2, (b) nenovbrothers, (c) Zukhra Kholiavskaia, (d) Ivan Ryabokon, (e) kritchanut; **48** (a) ANASTASIIA LYTVYNENKO, (b) Isselee Eric Philippe, (c) romastudio, (d) Nynke van Holten, (e) Isselee Eric Philippe; **50** (a) Isselee Eric Philippe, (b) kritchanut, (c) ANASTASIIA LYTVYNENKO, (d) nenovbrothers, (e) stokkete, (f) Nynke van Holten, (g) Isselee Eric Philippe, (h) Zukhra Kholiavskaia, (i) bilanol, (j) gioiak2, (k) romastudio, (l) Angelo Cordeschi, (m) Jozef Polc, (n) ammentorp, (o) Ivan Ryabokon; **52** ericlaudonien; **54** (a) arcady31, (b) Oleksii Nikolaiev, (c) yuriwo, (d) Ivan Ryabokon, (e) Erick Warkentin; **56** lightfieldstudios; **58** Jozef Polc; **60** serezniy; **62** (a) Oleksii Nikolaiev, (b) lightfieldstudios, (c) Ivan Ryabokon, (d) serezniy, (e) Jozef Polc, (f) lightfieldstudios, (g) serezniy, (h) ericlaudonien, (i) Jozef Polc, (j) ericlaudonien, (k) lightfieldstudios, (l) arcady31, (m) Erick Warkentin, (n) yuriwo, (o) serezniy; **64** (a) sinenkiy, (b) Ludmila Smite, (c) Vitaliy Nazarenko, (d) Iryna Bezus, (e) Tatyana Tomsickova; **66** ma8; **68** (a) Zukhra Kholiavskaia, (b) olegdudko, (c) serezniy, (d) kwanchaichaiudom, (e) Margarita Borodina; **70** (a) liew hooi feng, (b) Valentyn Volkov, (c) Uliana Dementieva, (d) gresei, (e) sangsiripech tunruen; **72** dmitryazovsky; **74** (a) serezniy, (b) gresei, (c) sinenkiy, (d) kwanchaichaiudom, (e) Uliana Dementieva, (f) olegdudko, (g) Valentyn Volkov, (h) Iryna Bezus, (i) liew hooi feng, (j) Vitaliy Nazarenko, (k) Margarita Borodina, (l) Tatyana Tomsickova, (m) Zukhra Kholiavskaia, (n) sangsiripech tunruen, (o) Ludmila Smite; **76** (a) coward_lion, (b) Viktor Gladkov, (c) foottoo, (d) tea, (e) rh2010; **78** Evgeny Atamanenko; **80** (a) Mikhail Azarov, (b) savanno, (c) fotoidee, (d) Ivan Mateev, (e) Antonio Guillem; **82** maridav; **84** whitecity; **86** (a) savanno, (b) Viktor Gladkov, (c) rh2010, (d) fotoidee, (e) Mikhail Azarov, (f) Evgeny Atamanenko, (g) coward_lion, (h) Evgeny Atamanenko, (i) Evgeny Atamanenko, (j) Antonio Guillem, (k) maridav, (l) foottoo, (m) Evgeny Atamanenko, (n) tea, (o) Ivan Mateev; **88** (a) Liliya Butenko, (b) Andrey Simonenko, (c) Kovacs Agnes Zsofia, (d) Isselee Eric Philippe, (e) Charoenchai Tothaisong; **90** (a) Georgii Dolgykh, (b) Warut Chinsai, (c) serezniy, (d) ljupco, (e) lightfieldstudios; **92** Ganna Tugolukova; **94** mukhina1; **96** miramiska; **98** (a) Warut Chinsai, (b) Charoenchai Tothaisong, (c) Kovacs Agnes Zsofia, (d) lightfieldstudios, (e) serezniy, (f) miramiska, (g) Liliya Butenko, (h) miramiska, (i) miramiska, (j) Georgii Dolgykh, (k) Ganna Tugolukova, (l) ljupco, (m) mukhina1, (n) Andrey Simonenko, (o) Isselee Eric Philippe; **100** (a) Evgeny Atamanenko, (b) seventyfour74, (c) Kasper Ravlo, (d) milkos, (e) Andriy Popov; **102** noppadol thammatorn; **104** serezniy; **106** (a) Carolyn Franks, (b) supoj buranaprapapong, (c) rclassenlayouts, (d) Volodymyr Kalyniuk, (e) Irina Schmidt; **108** Andrii YURLOV; **110** (a) Evgeny Atamanenko, (b) milkos, (c) Andriy Popov, (d) Andrii YURLOV, (e) Irina Schmidt, (f) serezniy, (g) seventyfour74, (h) noppadol thammatorn, (i) serezniy, (j) Volodymyr Kalyniuk, (k) rclassenlayouts, (l) Carolyn Franks, (m) serezniy, (n) Kasper Ravlo, (o) supoj buranaprapapong; **112** (a) sedatseven, (b) Paolo Cordoni, (c) welcomia, (d) Andrii Dragan, (e) Andriy Popov; **114** Andrei Kuzmik; **116** (a) Antonio Guillem, (b) prudencio alvarez, (c) natabene, (d) Jozef Polc, (e) anetlanda; **118** Piotr Adamowicz; **120** (a) Dmitrii Shironosov, (b) rawpixel, (c) Mark Bowden, (d) photochicken, (e) NATEE MEEPIAN; **122** (a) NATEE MEEPIAN, (b) Paolo Cordoni, (c) Mark Bowden,

(d) Jozef Polc, (e) anetlanda, (f) welcomia, (g) natabene, (h) Antonio Guillem, (i) rawpixel, (j) Andrii Dragan, (k) Andriy Popov, (l) photochicken, (m) sedatseven, (n) prudencio alvarez, (o) Dmitrii Shironosov; **124** lightfieldstudios; **126** (a) Tatyana Sidyukova, (b) movingmoment, (c) gresei, (d) whpics, (e) serezniy; **128** ljupco; **130** (a) Nynke van Holten, (b) Mikita Kavaliou, (c) callipso, (d) Nikolai Kashenko, (e) panor krachon; **132** hannamariah; **134** (a) Mikita Kavaliou, (b) Tatyana Sidyukova, (c) gresei, (d) panor krachon, (e) callipso, (f) lightfieldstudios, (g) whpics, (h) ljupco, (i) ljupco, (j) Nikolai Kashenko, (k) ljupco, (l) Nynke van Holten, (m) lightfieldstudios, (n) movingmoment, (o) serezniy; **136** milkos; **138** (a) Roman Zaiets, (b) Jovan Mandic, (c) serhii bobyk, (d) milkos, (e) Svitlana Hulko; **140** (a) Liubomir Paut-Fluerasu, (b) Gabriel Murad, (c) Chon Kit Leong, (d) yobro10, (e) Mark Bowden; **142** Sergiy Akhundov; **144** Oleksandr Prykhodko; **146** (a) milkos, (b) Liubomir Paut-Fluerasu, (c) Mark Bowden, (d) Gabriel Murad, (e) yobro10, (f) milkos, (g) Chon Kit Leong, (h) Sergiy Akhundov, (i) Sergiy Akhundov, (j) Svitlana Hulko, (k) Oleksandr Prykhodko, (l) serhii bobyk, (m) milkos, (n) Roman Zaiets, (o) Jovan Mandic; **148** Natalia Kostikova; **150** (a) Vladimir Tarasov, (b) serezniy, (c) ismagilov, (d) Tetiana Kravchenko, (e) sondem; **152** nosua; **154** (a) nathanipha phoeiwat, (b) Andrey Starostin, (c) liudmilachernetska, (d) timmary, (e) Ruslan Kudrin; **156** photogearch; **158** (a) nathanipha phoeiwat, (b) Tetiana Kravchenko, (c) sondem, (d) Vladimir Tarasov, (e) Ruslan Kudrin, (f) Natalia Kostikova, (g) Andrey Starostin, (h) nosua, (i) photogearch, (j) timmary, (k) Natalia Kostikova, (l) ismagilov, (m) nosua, (n) liudmilachernetska, (o) serezniy; **160** Viacheslav Iakobchuk; **162** (a) Sergey Nivens, (b) sattapapan tratong, (c) Kasper Ravlo, (d) damedeeso, (e) rh2010; **164** Katarzyna Białasiewicz; **166** Roman Samborskyi; **168** (a) dimarik16, (b) Yaroslav Astakhov, (c) Jirati Juntranimit, (d) adynyoman, (e) adynyoman; **170** (a) Jirati Juntranimit, (b) adynyoman, (c) sattapapan tratong, (d) dimarik16, (e) Yaroslav Astakhov, (f) Roman Samborskyi, (g) damedeeso, (h) Katarzyna Białasiewicz, (i) Katarzyna Białasiewicz, (j) adynyoman, (k) Roman Samborskyi, (l) Sergey Nivens, (m) Viacheslav Iakobchuk, (n) rh2010, (o) Kasper Ravlo; **172** (a) Kasper Ravlo, (b) milkos, (c) Luke Wilcox, (d) Andrea De Martin, (e) Maksim Shmeljov; **174** (a) Boiko Ilia, (b) Boiko Ilia, (c) Chatchaithep Tamlikit, (d) thvideo, (e) Sean Pavone; **176** dolgachov; **178** ljupco; **180** (a) Carolyn Franks, (b) fotocorn, (c) Ryan DeBerardinis, (d) Oleksandr Prykhodko, (e) Iakov Filimonov; **182** (a) Iakov Filimonov, (b) thvideo, (c) Chatchaithep Tamlikit, (d) Sean Pavone, (e) Boiko Ilia, (f) Carolyn Franks, (g) milkos, (h) Maksim Shmeljov, (i) Ryan DeBerardinis, (j) Luke Wilcox, (k) Andrea De Martin, (l) fotocorn, (m) Oleksandr Prykhodko, (n) Boiko Ilia, (o) Kasper Ravlo; **184** Luiz Ribeiro Ribeiro; **186** (a) Maciej Koza, (b) olegdudko, (c) serezniy, (d) Andrey Zhuravlev, (e) andriano; **188** Roman Samborskyi; **190** (a) liudmilachernetska, (b) Kiattisak Lamchan, (c) mrwed54, (d) Olena Yakobchuk, (e) - -AQ395; **192** Askolds Berovskis; **194** (a) Askolds Berovskis, (b) Andrey Zhuravlev, (c) - -AQ395, (d) olegdudko, (e) Maciej Koza, (f) Luiz Ribeiro Ribeiro, (g) Olena Yakobchuk, (h) Roman Samborskyi, (i) Luiz Ribeiro Ribeiro, (j) mrwed54, (k) Roman Samborskyi, (l) serezniy, (m) Kiattisak Lamchan, (n) liudmilachernetska, (o) andriano; **196** alinamd; **198** (a) ljupco, (b) lightfieldstudios, (c) Tatiana Gladskikh, (d) Josep Curto, (e) djomas; **200** Bongkarn Thanyakij; **202** (a) Alexandr Ermolaev, (b) freestyledesignworks, (c) Igor Boldyrev, (d) dwiputras, (e) bonzami Emmanuelle; **204** (a) Elena Skorobogatova, (b) alinamd, (c) aspi13, (d) Markus Mainka, (e) grafner; **206** (a) ljupco, (b) Markus Mainka, (c) lightfieldstudios, (d) alinamd, (e) djomas, (f) Tatiana Gladskikh, (g) Josep Curto, (h) dwiputras, (i) Alexandr Ermolaev, (j) grafner, (k) Igor Boldyrev, (l) bonzami emmanuelle, (m) aspi13, (n) freestyledesignworks, (o) Elena Skorobogatova; **208** absent; **210** eagle2308, (b) thvideo, (c) altitudevisual, (d) prazis, (e) Oleksandr Lutsenko; **212** Viktor Pazemin; **214** Kateryna Sheviakova; **216** (a) grazvydas, (b) kzenon, (c) dennizn, (d) tktktk, (e) Hakon Jarle Sveen; **218** (a) dennizn, (b) Kateryna Sheviakova, (c) thvideo, (d) Hakon Jarle Sveen, (e) eagle2308, (f) Viktor Pazemin, (g) altitudevisual, (h) abscent, (i) prazis, (j) abscent, (k) grazvydas, (l) Viktor Pazemin, (m) tktktk, (n) kzenon, (o) Oleksandr Lutsenko; **220** (a) Irina Schmidt, (b) Liudmyla Lysenko, (c) Nino Alberto, (d) gjerome69, (e) Yevhen Roshchyn; **222** (a) Daniela Simona Temneanu, (b) Iacheev, (c) Roman Samborskyi, (d) Roman Samborskyi, (e) Roman Samborskyi; **224** jafara; **226** (a) earthscapeimagegraphy, (b) Evgenii Krasnikov, (c) fahroni, (d) Jaromir Chalabala, (e) pakhnyushchyy; **228** Vladislav Zolotov; **230** (a) Jaromir Chalabala, (b) Liudmyla Lysenko, (c) Iacheev, (d) Roman Samborskyi, (e) Roman Samborskyi, (f) pakhnyushchyy, (g) gjerome69, (h) Yevhen Roshchyn, (i) Roman Samborskyi, (j) Daniela Simona Temneanu, (k) Nino Alberto, (l) Evgenii Krasnikov, (m) fahroni, (n) earthscapeimagegraphy, (o) Irina Schmidt; **232** (a) sai0112, (b) Ian Allenden, (c) Oleg Doroshenko, (d) sai0112, (e) facesportrait; **234** Juthamat Yamuangmorn; **236** (a) mattlphotography, (b) Kateryna Onyshchuk, (c) chajamp, (d) khosrork, (e) teerapat pattanasoponpong; **238** (a) Phongthorn Hiranlikhit, (b) Roman Samborskyi, (c) ascom73, (d) ascom73, (e) ra2studio; **240** Ismagilov; **242** (a) ascom73, (b) khosrork, (c) sai0112, (d) Ian Allenden, (e) chajamp, (f) ascom73, (g) Oleg Doroshenko, (h) sai0112, (i) ra2studio, (j) facesportrait, (k) Roman Samborskyi, (l) teerapat pattanasoponpong, (m) mattlphotography, (n) Kateryna Onyshchuk, (o) Phongthorn Hiranlikhit

PONS

Französisch von 0 auf 500

Bearbeitet von: Isabelle Langenbach, Torsten Lasse, Dr. Christiane Wirth

Warenzeichen, Marken und gewerbliche Schutzrechte
Wörter, die unseres Wissens eingetragene Warenzeichen oder Marken oder sonstige gewerbliche Schutzrechte darstellen, sind als solche – soweit bekannt – gekennzeichnet. Die jeweiligen Berechtigten sind und bleiben Eigentümer dieser Rechte.

Es ist jedoch zu beachten, dass weder das Vorhandensein noch das Fehlen derartiger Kennzeichnungen die Rechtslage hinsichtlich dieser gewerblichen Schutzrechte berührt.

1. Auflage 2024 (1,02 - 2025)

www.pons.de

Projektleitung: Helen Schmidt
Innenlayout: zweiband.media, Berlin
Coverbild: Adobe Stock/Red Monkey
Logoentwurf: Erwin Poell, Heidelberg
Logoüberarbeitung: Sabine Redlin, Ludwigsburg
Druck: Publikum d.o.o.

ISBN 978-3-12-516401-7